全球化與地球村系列叢書 1

全 球 化

GLOBALIZATION

Malcolm Waters 著

徐偉傑　譯

張家銘　校閱

弘智文化事業有限公司

原書序

　　雖然塔斯馬尼亞（Tasmania）在想像中比火地群島或外蒙古更遠，但是它的地理位置卻使其成為評量全球化程度的好地方。倘使吾人能身處此一人類社會的空間邊緣，向北環顧廣袤的澳洲大陸沙漠，向南凝望空寂與荒蕪，就知道這個距離東京、法蘭克福或洛杉磯等「全球城市」數千里之遙的地方在感覺上仍是世界的一部份，全球化真的是一個令人印象深刻的進程。塔斯馬尼亞人知道自己和其他人一樣都是地球的住民：因為其他人濫用液化氣體噴霧劑，造成他們頭頂的臭氣層嚴重破損；因為國際商品市場不景氣，造成他們的失業率偏高；因為他們的小孩接觸到機器戰警和辛普森家庭這類具有啟發性的角色典範；因為他們的大學像其他大學一樣，充斥著各種策略計畫的管理文化、教職員評鑑和品質控制；因為英國的明星科學家可能投入一週時間為他們拯救環境；以及因為他們的同性戀團體可以向聯合國的人權條例申訴，最後享有性別表達的自由。談論全球化和在地化是同一過程的一體兩面，這種主張已然陳腐，但是在

這個人口不到五十萬的小型在地社會中,總是能看到至
為明顯的事實。

我想說的是,這本書的寫作耗時多年,也得力於一
群朋友和同事的幫助。事實上,這本書是那些擁有自身
生命的幸運計畫中的一個,所以這本書可以說是在短時
間內寫成了它自己。儘管如此,我是得感謝一些人。Chris
Rojek 到 Hobart 把計畫委託給我,他肯定是思想全球化
的行動者。Routledge 出版社的書評家 Martin Albrow 看
過這本書的提案和原稿,自始至終對它鼓勵有加。我得
感謝 Rowena Stewart 和 Christina Parnell 的嫻熟管理。Scott
Birchall 和 Robert Hall 確信我在政治科學領域的嘗試不
會無寂而終。我也得謝謝我的家人:我的老婆 Judith
Homeshaw,她是一位 "ex-pom" 政策分析家,總是開朗
地消解我的批評,回應我對她的學門所作的嘲弄;還有
我們的小孩 Penny(現在是德國 Rotary 學校的國際交換
學生)和 Tom(有世界水準的足球高手),感謝他們讓我
能跟得上全球流行文化,不管我願不願意。

Malcolm Waters

Hobart, Tasmania

校閱者序

　　Malcolm Waters 的《全球化》是 Routledge 出版社 Key Ideas 系列叢書當中的一本，頁數雖然不多，但很簡要地使用三組軸線勾勒了全球化面貌和發展圖像，頗能掌握全球化理論的生成及其與實質社會發展之間的關連。

　　作者在第一章即開宗明義的指出，「物質交換在地化、政治交換全球化與符號交換全球化」是貫穿全文的三組軸線，可謂本書的基本理念和引導原理。前三章從古典理論出發，檢視傳統的社會學觀點如何爲全球化理論鋪路，而晚近的全球化理論又呈顯出何種面貌，爲全球化概念的開展梳理理論脈絡和奠定基礎。至於第四到第六章則分別針對經濟、政治和文化三個面向作實質考察，除了援用引導原理全面性的省思全球化概念在各領域的作用，讓抽象理論得以和實質經驗層次相互對話，彰顯出全球化在當代世界發展中具有的重要性。

　　就此而言，這本書儘管是篇幅有限的介紹性作品，但其內容可說是相當豐富的。只是作者的立場頗爲鮮明，對全球化概念抱持文化決定論的傾向（譬如全球化的發展是從物質交換到政治交換再到符號交換－－倘使經濟

和政治領域都能被文化化，這個世界將會是全球化的世界。此外，作者也沒有全面的碰觸到全球化重要論辯議題（譬如反全球化的論調）。但總體來說，對於想要瞭解全球化概念及其現象的讀者而言，這是一本相當值得參考的入門書籍。

東吳大學社會學系

張家銘

目　錄

圖表目錄

圖

表

1 歧異的世界

思考全球化，行動在地化

Theodore Levitt

　　現代社會的變遷一日千里，如果社會學家想在十年前撰寫有關全球化的書，勢必面臨困惑不明的窘境。但就目前來說，正如後現代主義（postmodernism）是 1980 年代的主流概念，全球化（globalization）可能是 1990 年代的主流概念，這個重要概念將人類社會帶往第三個千禧年。說來奇怪，「全球化」比「後現代」更不具爭議性（參考 Smart 1993）。除了我們將在第三章提及的「文明分析家」（civilization analysts）之外，大部分社會學家似乎都能接受此一過程正在進行。至於出現的爭議似乎圍繞此一議題：傳統的馬克思主義或功能主義理論是否可用來解釋全球化，或者我們得建構新的論據來解釋全球化。之所以出現這個爭議，可能是因為社會學的變遷理論大抵上總是意含其所欲解釋的過程具有普遍性。雖然全球化概念並非源自社會學，但是這個概念已廣受知

識界的注意。社會學想結合全球化概念與其自身重要的理論傳統，本書嘗試對此工作作出貢獻。

　　雖然 'global' 一字的出現已逾四百年（參考牛津英文字典[1989]有關 global 一字），但是在 1960 年代以後， 'globalization'、'globalize' 和 'globalizing' 等字才成爲一般用語。[1]〈經濟學人〉（*Economist*）（4/4/59）報導「義大利對進口車的『全球化配額』已經增加」；1961 年《韋式字典》（Webster）成爲了第一本界定全球主義（globalism）和全球化的重要字典。1962 年〈旁觀者〉（*Spectator*）（5/10/62）承認：「全球化確實是一個令人茫然的概念」。（參考牛津英文字典 [1989]有關 globalism, globalization, global, globalized 等字的說明）。

　　全球化概念引入學圈的過程無疑是步履跟蹌。羅伯森（Robertson 1992: 8）告訴我們，直到 1980 年代早期甚至是中期，學界才認知全球化概念在學術上的重要性，而該詞的使用也因此才能全球化。雖然這個概念的散布模式實際上已難查明，但毫無疑問的是，全球化概念之所以能在社會學域流通，羅伯森實是功不可沒。他針對該主題發表和出版許多文章與書籍，包括可能是最早在標題中使用全球化字眼的社會學文章（1985），雖然他曾

在更早之前使用過「全球性」（globality）概念（1983）。
整體而言，現今在標題中使用「全球」（global）字眼的
文章已達五位數，但仍然很少人使用「全球化」（global-
ization）一詞。在 1994 年 2 月的美國國會圖書館目錄中，
只有 34 個項目的標題包含該字或其衍生字，且都在 1987
年以後才陸續發表。

　　一般字典經常以「成為全球性」（to render global）
或是「全球化的行動」（the act of globalizing）這類無益
的語詞界定全球化。即使我們刪除「成為世界性」或「遍
及世界的擴散行動」這類套套邏輯，從社會學觀點看來，
由於它具有意向性（intentionality），所以仍會讓人產生
誤解。全球化的許多面向確實具有意向性和反思性，比
如說，企業擬定愈來愈多的全球行銷計畫，而拯救地球
的環境保護運動也採行愈來愈多的行動回應之。不過，
有許多全球化力量不具人格，且超出任何個人或團體的
意向和控制。美國汽車工業的衰退，以及回教基本教義
主義（Islamic fundamentalism）的發展回應了西方現代
化的影響，都是這類影響的實例。

　　第三章詳述全球化的數種社會學定義，試圖同時併
入全球化過程中有意向與無意向的面向。然而，我們需

要一個有用的定義，好讓我們能夠進一步分析。也許處理該定義的最佳方法是嘗試詳述全球化進程可能終結於何處，以及完全全球化的世界看起來是何模樣。在一個全球化的世界中，地球上將出現一個單一的（single）社會和文化，雖然一般人可能會把這個社會和文化想成一個和諧的整合體，但是它可能不會彼此和諧地整合在一起，而是朝向高度分化、多元中心和混亂的情勢發展，屆時不會存在中央組織型政府（central organizing government），也沒有牢固的文化偏好與規約（prescriptions）。只要文化被統合起來，它會以極端抽象的樣態呈現，會包容多樣性和個別選擇。重要的是，地域性（territoriality）——社會與文化生活的組織原則——將會消失，將來會是個沒有國界和空間分界的社會。在全球化世界中，我們將無法依據地理位置來預測社會慣例與偏好，同樣的，我們能預期身處兩地的人際關係形成將和身處同地的人際關係形成一樣容易。[2]

我們因而將全球化界定為：一種社會過程，其中地理對社會和文化安排的束縛降低，而人們也逐漸意識到這種束縛正在降低。

全球化概念和現代化概念一樣，成為意識型態質疑

的對象，因為它似乎正當化了西方文化和資本主義社會的擴散，並指出有股遠非人類所能控制的力量正在改變世界。本書並未試圖隱匿這項事實：現階段的全球化確實與這些發展有關。全球化是歐洲文化經由移民、殖民與文化模仿而擴張到世界各地的直接結果，而它伸入文化和政治領域的支脈在本質上也與資本主義的發展型態有關，不過，這並不意謂世界各角落都得西化和變成資本家，而是每一組社會安排（social arrangements）都得建立其相對於西方資本主義的位置，用羅伯森的話說，就是它必須把自己相對化（relativize）。也就是說，這種相對化過程指涉世界上有愈來愈多的部門可能偏好西方與資本主義。但在另一層意義上，全球化也是高度的歐化，社會安排甚至是政治安排的去領土化（de-territorialization）在西歐進行得相當快速——人們不再強調國界，而各種超國家主義（supranationalism）和次國家主義（infranationalism）也在激增當中，這意謂正在經歷全球化的全球化模式本身是一個歐洲模式（譬如歐盟的發展被廣喻為全球去領土化實例，例證可參閱 Lash and Urry 1994: 281-3）。

全球化起始於何時，這是全球化的理論辯論之一。

我們在第三章的理論考察將指出三種可能性：

◆ 自歷史發軔以來，全球化一直在進行當中，從那個時候起，全球化就已增強其影響力，但最近一直加速進行；

◆ 全球化與現代化和資本主義的發展共時，而最近呈現加速發展；或者

◆ 全球化是一個與後工業化、後現代化或者資本主義解組等其他社會過程有關的晚近現象。

　　本書採取的看法是某種程度的全球化已然發生，但約略在十五世紀以前呈現非直線發展——經由種種不規則的古帝國擴張、掠奪、海上貿易探險以及宗教思想擴展而進行。不過特別的是，中世紀的歐洲處於重視位置關係（locality）的地主階級統治制（territorialism）時期，這是全球化進程中的低落期。我們現正經歷的全球化直線擴張始於十五、十六世紀，即「初現代」（early modern）時期。倘使吾人在技術上假定全球化至少在某種程度是一個反思過程（reflexive process），那麼全球化在那個時候仍未開始，因為只有哥白尼式的大改革（Copernican revolution）才能使人類確信他們住在一個星球上。更重要的是，歐亞大陸、非洲、美洲和澳洲的住民直到那個時候都還完全不知道他人的存在，所以全球化過程在此最有趣的是它與現代化有關。

全球化的溶媒：古典理論

說來奇怪，全球化或其類似概念早就出現在社會科學的發展當中（Robertson 1992: 15-18; Turner 1990: 344-8）。聖西門（Saint-Simon 1975: 130-6）注意到工業化引發了一種跨越歐洲各文化的實踐（practice）共通性，為了促進這種過程，他贊成要有一個烏托邦國際主義，內含一個泛歐政府以及新而普遍化的人道主義哲學。一本名為〈全球〉（*The Global*）的遠見刊物發揚這些想法。聖西門的觀念經由孔德（Comte）影響了涂爾幹（Durkheim 1984），雖然第一次世界大戰使涂爾幹強調國家儀式和愛國主義，不過分化和文化理論是他為全球化留下的真正遺產。當社會結構愈來愈分化，對國家這類實體的依從（commitments）必須被減弱，因為結構分化的程度在國家範圍內較為狹隘。同樣的，集體意識必須逐漸變得更

微弱且抽象，以便包容社會內部的多樣性。這一切都意含工業化傾向削弱集體依從，並開始分解各社會之間的邊界。

韋伯（Weber）除了比涂爾幹更重視自己的國家政治之外，韋伯也做了一個類似的說明（1978）。正如同涂爾幹認為分化是全球化的溶媒（solvent），韋伯認為理性化是全球化的溶媒。他主要關注理性化成功的從喀爾文新教苗床擴展到所有西方文化，並為所有現代人設立一個「鐵牢」（iron cage）。理性化意指所有文化將會具有下述特質：去個人化的社會關係、計算技術的精煉、專門知識重要性的提升、以及擴大對自然過程和社會過程進行技術性的理性控制（Brubaker 1984: 2）。雖然韋伯沒有認知到這一點，但這確實意含著各文化的同質化，以及他所察覺到的愛國主義和義務這類價值的責任的減少。不過這種全球化效應也只侷限在西歐，韋伯並沒有看到印度和中國等地出現任何理性化文化偏好的擴展，因為他認為這些地區會不可避免的陷入宗教傳統主義的困境。

在所有古典理論家當中，馬克思（Marx）對現代化的全球化理論最有貢獻。由於全球化為資本家階級開闢

許多新市場，致使其權力劇增。的確，發現美洲大陸以及開啓通往亞洲的新航路爲現代產業建立一個「世界市場」（world-market）（Marx 1977: 222-3），布爾喬亞（即資產階級）敏捷地把握這個機會：「其產品需要一個持續擴張的市場，將布爾喬亞帶往世界各地。他必須到處安頓下來，到處定居下來，到處建立關係」（1977: 224）。但是這種發展兼具文化和經濟性格。馬克思認爲，這是因爲他不僅賦予生產一個世界性格，也賦予消費一個世界性格：

　　【民族工業】被新工業驅逐……原料的取得不再偏限於本地，而是來自於遠處；生產消費品的產業不只座落於本國，也遍及全球各地。我們發現本國生產所能滿足的舊需求已被新需求取代，新需求得靠遠地生產的產品才能滿足。國際間普遍的互賴，在各方面的交流取代了舊式的本地和國家的隔離與自給自足，不只物質生產如此，就連智識生產也是一樣。個別國家的智識創造變成共同的財產。國家的單面性與狹隘性變得愈來愈不可能，而世界文獻則從眾多的國家文獻與本土文獻當中浮現。　　　　　　　（1977: 224-5）

　　這般過程不僅侷限於西歐。布爾喬亞以廉價商品充作「重砲」，搗毀「所有的萬里長城」（all Chinese Wall），將「野蠻」國家轉化成「文明國度」。對馬克思而言，布爾喬亞依其自身的形象再創造出這個世界。

　　然而，領土界線仍然存在。馬克思提及國家之間的互賴，並認為民族國家仍會續存。不過，一顆破壞的種子已然埋下。布爾喬亞在塑造自身成為世界資本家階級時，它也促使敵對的世界無產階級聯合起來。馬克思主張，無產階級權力的提升將會摧毀包含民族國家在內的所有布爾喬亞制度：

> 　　由於布爾喬亞的發展、自由貿易、世界市場、生產模式以及相應的生活條件的一致，使人群與人群之間的國家差異和對立日漸消失。
>
> 　　　　無產階級至上將使它們更快消失。主要文明國家的聯合行動至少是無產階級解放的首要條件之一。
>
> 　　　　隨著個人不再受到他人的剝削，某國被他國剝削的情況也將走向盡頭。隨著國內階級對立的狀態消除，某國對他國的敵對也將煙消雲散。
>
> 　　　　　　　　　　　　　　　　　　（1977: 235-6）

　　雖然馬克思對全球化的烏托邦憧憬可能被視爲像聖西門那般浪漫和不切實際，但是他對資本主義生產與全球消費文化之間的連結所作的討論仍具有高度影響力。

引導原理

　　雖然第二、三章將介紹全球化的晚近理論，描繪這些傳統上既有的變遷主題，不過勾勒全球化的實質發展才是其側重的焦點。本節將指陳支持該論點的理論預設。

　　全球化可透過三個社會生活領域進行追溯，這三個領域是許多理論分析認定的基本面向。[3] 它們是：

1.　經濟：爲貨品與有形服務的生產、交換、分配和消費所做的社會安排。

2.　政治：爲權力的集中與應用所作的社會安排，特別是涉及到強制和監督（軍隊、警察等等）的組織性交換，以及像權威和外交等可用來控制人民和領土的這類實務出現的制度化轉變。

3.　文化：爲符號生產、交換和表達所作的社會安排，用以代表事實、情感、意義、信念、偏好、

　　品味與價值。

　　這種論點承繼韋伯（1978: 928-40）和貝爾（Bell 1979: 3-30）的觀念，認為這三個領域在結構上是獨立的，因而它同時拒斥馬克思主義的立場——經濟構成了政治和文化，以及派森思（Parsons）的立場——文化決定了經濟與政治。然而，該論點也預設這些領域的相對有效性會隨著歷史和地理的不同而改變。某領域內較有效的某組安排可能滲透並修正其他領域的安排，有一個具體實例可資說明。在二十世紀大多數時間裡，俄羅斯及其附近的領土與人民被一個有效的政體，即高度組織性的蘇聯政府所控制，在此情況下，國家所組織的文化只允許某些特定的藝術表演和宗教奉獻，而它也在國營的工廠、農場、銀行和商店等控制體系中組織經濟。我們據此可說文化和經濟已經被政治化了。

　　我們現在可以開始將這些主題連結到全球化論點。全球化理論的各項宣稱集中在社會組織和地域性之間的關係。貫穿本書論點的觀點是：不同的特定時間內，在社會關係中居於優勢地位的交換類型會建立起社會組織與地域性的連結。不同的交換類型應用到上述指出的各

個領域，它們分別是：

◆ 物質交換包含貿易、租賃、薪資勞動、服務費
　和資本積累；
◆ 支持、安全、強制、權威、力量、監督、合法
　性和服從的政治交換；
◆ 透過口頭傳播、出版、表演、教學、雄辯、儀
　式、展示、娛樂、宣傳、廣告、公眾示威、資
　料積累和轉換、展覽和公開展示來進行符號交
　換。

每個交換類型均顯示它和空間的特殊關係，分別是：

◆ 物質交換傾向連結社會關係與在地性：交易品
　的生產需要在地勞力、資本和原料的集中；運
　送商品的成本太高，不利遠程貿易，除非有顯
　著的成本利益可期；薪資勞動需要面對面的監
　督；服務遞送人部分也是面對面。物質交換因
　而固著於在地化的市場、工廠、辦公室和商店
　中。遠程貿易是由位居核心經濟關係之外的專

門中間人（商人、水手、金融家等等）負責執
行。

◆ 政治交換傾向把關係連結到廣大的領土，它們
控制領土上的人民並利用其資源，以維持領土
完整或進行領土擴張。政治交換因而終於畫定
了領土疆界，與民族國家－社會（nation-state-
societies）擁有同樣的範圍。這些單位之間的交
換，也就是為人所知的國際關係（如戰爭和外
交），會傾向鞏固其領土主權。

◆ 符號交換將關係從空間的指稱物中解放出來。
符號可以在任何時間與地點進行製造，而其生
產與再生產受到的資源限制較少。此外，它們
還具有易於運送的特性。更重要的是，由於符
號交換經常嘗試借助人類的基本原理，所以它
們經常可以宣稱具有普遍意義。

總之，本書論點的引導原理是：**物質交換在地化；
政治交換國際化；以及符號交換全球化**。只要文化安排
有效的關連到經濟安排和政治安排，人類社會的全球化
就有可能發生。我們可以預期，只要經濟和政治被文化

化（culturalized），也就是經濟與政治領域中的交換被象徵性地完成，那麼這兩個領域便能全球化。我們也能預期文化領域的全球化程度會大於其他兩個領域。

上述這個觀點頗爲激進，因其立場和最具影響力的全球整合理論，即華勒斯坦的資本主義世界體系理論（參考第二章）意見相左。世界體系理論承繼馬克思，認爲全球整合的驅力在於資本主義永無止境的擴張。本書採行的觀點是：超越在地連結（local nexus）的純粹物質交換能力到十九世紀末遭遇其限制，它們在此時轉變成政治交換（如國家殖民擴張主義、同盟國體系、全球大戰、超級強權的協商），至於從政治交換到符號交換的類似轉變則出現在當今的歷史。

下兩章將檢視有關這些過程的社會學論點。第二章探討戰後的全球整合理論，但並未將全球化視爲一個單一化過程。第三章則將焦點明確的擺在全球化理論。至於第四、五、六章則分別檢視全球化在經濟、政治和文化面向中的實質發展。

2 究竟發生什麼事？先驅理論

人們意識到世界的變遷，卻意識不到這種意識

Fred Emery and Eric Trist

　　研究一般社會過程的鉅觀社會學經常把「社會」當作分析單位，只要鉅觀社會學與現代社會有關，就得將焦點擺在民族國家（nation-state），因為現代社會與民族國家傾向擁有同樣的範圍（Giddens 1985）。社會學的變遷理論因此總是關注影響民族社會的社會結構的普遍過程，如理性化、結構分化或階級衝突等。這種定位經常要求創立民族社會學（national sociologies），特別是在單一國家內部有兩個或兩個以上相處不甚愉快的民族文化，或是某民族文化遭受鄰近文化侵害的威脅情況下，創立民族社會學的呼聲尤高，不過這種觀點現今看來似乎有些偏狹。

　　儘管如此，漸進的全球單一化（unification）實體在某種程度上已在社會學的鉅觀分析中佔有一席之地，而其主要方式有二。第一，相較於許多其他的社會科學家，

社會學家一直擅長於注意和分析各社會之間的非政治關係，譬如他們非常關注國際壟斷資本主義及其超越國界的能力，也對國際文化的擴散深感興趣，特別是有關大眾消費的模式，以及透過大眾傳播進行流行文化的擴散等領域。所以當其他學門堅持把民族國家當成現代社會的組織原則時，社會學家偶爾也感到迷惘。第二，分析社會變遷的社會學者總是傾向建構巨型的解釋架構，用以解釋廣泛的歷史。巨型解釋經常認定一個單一的變化原則，而這類原則必須被理解為打破界線與差異的普遍化過程。該原則可被視為一種具有滲透力的溶媒，能在未來打破民族文化的獨特性並解放人民，好讓他們能夠載浮於不可抗拒的歷史洪流中，●雖然他們是不得不順應這般潮流。1 我們在本書導論中已提及這三種溶媒——馬克思的資本主義商品化、韋伯的理性化和涂爾幹的分化。

● 譯註：本句的原文是 they can have a free ride on the juggernaut of history。"juggernaut"一字原意是指「摧毀所有遇見事物之強大力量或物體」，另一非正式的衍生義是「（會對其他車輛帶來危險的）長程大卡車」，紀登斯使用"juggernaut of modernity"一詞除了指明現代性代表一股無堅不摧的強大力量之外，另也俏皮的使用了「長程大卡車」的喻意，本書在 78,82,85 頁均提及該字，譯者為掌握字詞所處的脈絡意義，故針對"juggernaut"一字以「強大力量」或「長程大卡車」交換使用。

在本章當中，我們將考量上述第二種理論類型晚近的重要發展。我們首先思考美國功能主義社會科學提出的論題：在現代化的世界中，各個社會的社會組織都可能會聚於單一一組軸狀原則。該論點指出，各個社會的成員會針對個體和集體的進步做出理性選擇，使各社會在此基礎上移向一個共同的社會境況。不過我們接下來要考量的主張與該立場相佐，大體上是源自於馬克思和列寧的作品。他們認為世界變成單一化並非是透過選擇，而是生產商品的單一支配所致，也就是資本主義的生產模式所造就的結果。這個系統是如此的有效，使其授與非常高度的社會權力給那些控制生產的人。資本家會利用該權力，進一步把資本主義體系強加於其活動範圍之外的（社會和地理的）區域。我們接續討論「國際關係」此一政治學的分支理論，這些理論指出跨國連結網絡是沿著國與國之間的連結而成長。最後，我們將檢視早期對全球化過程的看法——指出世界透過一個共同大眾文化的蔓延而逐漸單一化。

現代化與聚合

在本書的導論當中，我們提到涂爾幹的主張，他認

爲結構分化的過程標示社會變遷的普遍方向。結構功能
論社會學家在二十世紀中葉擴展並修正涂爾幹的主張，
把分化的全球化效應包含在內。其命題如下：工業化需
要來自於本國生產和再生產的資本化（capitalization）與
集體生產兩者作出基本的分化，只要社會能做出這種分
離，它在物質財富和政治領域上的成功機會將會比其他
社會來得高。一旦工業化得以施行，政治和經濟領袖將
傾向選擇並追求它，因而工業化會從其苗床擴散到各個
原本沒有工業化的社會脈絡，世界會變得愈來愈工業化。
然而，工業化會帶來更普遍的社會性支脈（societal
ramifications），當其他的社會生活領域在功能上與工業
核心的連結漸增，便會將分化模式引入這些領域當中，
譬如家庭在消費領域專門化、學校教授不同技術的勞動
力、專門化的政府單位提供經濟基礎結構、大眾傳播媒
體販售適當的符號象徵、以及教堂傳佈支持性的價值等
等。這些結構變遷牽引價值朝著個人化、普遍主義、世
俗化與理性化的方向轉變。這個普遍且複雜的轉變被稱
爲「現代化」（modernization）。當工業化傳遍全球，也
伴隨著現代化的擴散，將各社會朝單一方向轉變。有模
仿能力的社會甚至在有效執行工業化之前便採用現代機

構。[2]

　　派森思（1964; 1966）率先主張，社會變遷有一特定的演化方向，也有一個驅動它朝此方向前進的邏輯或動力。這個邏輯或動力即是適應（adaptation）：「生存系統處理其環境的能力」（1964: 340）。在理論上被視為分化的現代化會朝著適應升級的方向進行：

> 假如分化帶來的是一個均衡、更進化的體系，那麼每一個新分化出來的次結構……就得增進適應能力以展現其較諸以往結構更為普及的基本功能。因此工廠會比家庭更具有經濟生產效率。
>
> （Parsons 1966: 22）

　　這個模式與其他兩項發展有關（Parsons 1966: 22-3）。第一項是涂爾幹式的整合過程。分化會迫使整合層次升級，由於已分化的社會單位較無法自給自足而得依靠交換，所以社會資源（人的才能、知識、技術、資本與商品等）必須變得普遍化且能相互交換，譬如它們被轉變成證書、工資和薪水以及股票等表徵形式。在完全而「真正的」社會成員關係中，這種可交換性的增加提供一個納入外團體的基礎，因而現代化得以打破地位的

隔閡（例如社會地位、種族或性別的地位隔閡），而社會
參與則逐漸傾向以個人能力、長處與表現為基礎。第二
項發展出現在社會的普遍價值模式範疇中，價值模式
（value-pattern）必須變得更複雜且更普遍化，變得更複
雜為的是讓它的特定構成要素能應用到已分化的次單
位，而變得更普遍化則是為了正當化在升級的社會體系
中出現的各種目標和活動。現代社會的價值體系因而傾
向普遍主義（universalism）和變得抽象，以致於它的包
含性也會愈大。所有這些包含類型對全球化趨勢而言都
具有顯明的意涵。

　　每個社會適應升級的制度性路徑可以透過一連串「演
化的普遍性」（evolutionary universals）進行追溯（Parson
1964），這個概念的基礎是有機體的自然選擇觀。它們被
定義為「任何組織發展的進一步演化是很重要的，而它
不只出現一次，它可能在不同的條件下被各種不同的系
統『發現』（hit upon）」（1964: 329）。派森思指出，包括
分化程度最低者在內的所有社會都存在四種基本的普遍
性──科技、血緣、語言與宗教。另外兩項普遍性與演
進到派森思所稱中間社會（intermediate societies）（例如
古帝國和封建主義）階段的過程有關，即階層化和明確

的文化合法性（以書面形式保留傳統）。此外還有四項普遍性更進一步關係到現代社會的出現：科層組織、貨幣和市場、一個普遍的法律系統以及民主團體（democratic association）（指政府和民間團體兩者）。之所以能夠突破中間社會而進展到現代社會，主要是由於出現了一個以個人化的雇用契約和職業專門化為基礎的工業生產系統。這會依次引起協調控制與責任義務的緊張，而後導致市場、科層體制與民主制度的出現。[3]

派森思的分析所具有的全球化意涵只是：假如各社會沿著一條共同的演化路徑發展，那麼它們將變得愈來愈相似，也會沿著機械連帶的途徑更形整合。派森思的學生李維（Levy）更清楚的連結現代化與各社會之間（inter-societal）的體系，他用如下的定義，有效的把現代化簡化為工業化：「只要社會成員使用無生命的動力來源，以及／或者使用工具以增加其努力的結果，那麼該社會或多或少會被視為現代化社會」（1966: 11）。不過，他也列出較為現代化的社會具備的主要社會結構特徵（1966: 38-79），其中有多項特徵相當近似於派森思的演化普遍性：

◆ 社會各單位及其共同性和角色的高度專門化必須顧及其表現的活動類型，這意謂個人可以將角色扮演時使用的技術加以專門化；

◆ 社會單位的自給自足程度相對較低，它們必須依賴其他單位提供自己無法生產的資源；

◆ 價值取向具有高度普遍性——它們傾向強調人們能做什麼是與情境有關，而不是取決於他們有什麼樣的能力；

◆ 協調與控制分散的、專門化活動的需求造成決策集中度增加；

◆ 大部分的人際關係擁有理性、普遍主義、功能專門化和避免情感涉入（emotional avoidance）的特質；

◆ 在市場脈絡中，大部分的交換可以透過一般化的媒介（例如貨幣）在專門化的單位之間出現；

◆ 科層體制被廣為制度化，使專門化活動的協調與控制成為可能；以及

◆ 建立涵蓋兩個世代的多嫡系的、婚姻的家庭，不再強調單一嫡系的血統，並將配偶關係當成基礎關係。

　　不過，李維在此與派森思分道揚鑣。李維認為現代化背後的驅動力不再是不具人格的適應升級的功能命令，而是在個別行動者層次的物質主義動機。在那些較早接受現代化的社會中：「沒有社會有那種完全無法瞭解或意識到使用無生命的資源和工具所具有的好處的成員」（Levy 1966: 25-6）。而晚進社會受到現代化的「普遍性社會溶媒」（universal social solvent）的影響程度很深。同樣地，傳統社會一旦與現代化社會有所接觸，至少會有某部分成員想要改變它，以利其物質環境的改善，這或多或少是羨慕現代化社會「過度的物質生產力」（1966: 125-6）。這個最容易被模仿的社會因而變得易於指明：「美國社會……是現代化最極端的例證」（1966: 36）。

　　雖然李維的主張經常不受當代社會學的認可，但其論點在全球化概念化中頗為重要，因為他能夠指出晚進社會的現代化基本上具有反思性，而這種反思性在各社會之間建立起一個關係的系統模式。對李維來說，地球上各社會的成員都面臨兩個問題，這些問題預先假定每一個社會終將現代化：非現代化社會是否可用穩定的方式（例如非暴力）達成現代化；以及高度現代化的社會

能否在穩定的情況中維持其高等級的現代化。對地球而言，第一個問題並不具有絕對的重要性，但第二個問題就重要了：「倘使不穩定存在著，它們將會擴散並巨幅地影響世界上所有其他的個體，特別是影響世界上已具有各層次互賴特徵的各社會的成員」（1966: 790）。因而對李維而言，現代化變成一個在現象學上結合所有社會成員的核心問題。

　　然而，全球化理論最具影響力的功能論先驅不是社會學家，而是一群加州的勞動市場理論家（Kerr *et al.* 1973）。科爾（Kerr）、戴勒普（Dunlop）、哈比森（Harbison）和麥爾斯（Myers）提出有關各社會之間的聚合（convergence）論題，該論題具有兩種成分。他們首先指出，各工業社會彼此間的相似性高於工業社會與非工業社會之間的相似性。其次，雖然工業化歷程在不同社會中會以不同方式產生，但隨著時間的進展，各工業社會彼此會變得愈來愈相似。「工業主義邏輯」是這種聚合的驅動力——當各社會漸進地尋求最有效的生產技術，其社會體系也將漸進地適應該技術。技術的發展將更密切地決定某些社會關係，特別是就業和消費的經濟領域。不過，技術的支脈必然會延伸到大部分的社會生活領域。

　　科爾等人略述此種社會性聚合的主要特質。只要個人技術變得高度專門化，社會分工就會進步，致使勞動力高度分化為數項職業。當科學與技術推進時，職業體系將會改變，引發高比率的職業流動。此一過程將會獲得非常高度的教育供應和資格認證（credentialization）的支持。同樣的，工業技術需要大規模的社會組織，以便支持大量生產和大量行銷。工業社會將因而在空間上被組織成數個城市；政府也將擴展，以提供工業一個社會化的基礎結構；而組織大體上具有大規模、階層和科層制度的特性。工業社會也會發展出一個獨特的價值共識，把焦點擺在物質主義、工作奉獻、多元論、個人成就以及工業社會自身的進步。他們做出這般結論：「工業社會是世界性的」，因為「它所立基的科學與技術講的是同一種普遍性的語言」（1983: 54）。

　　這些物質主義或技術的主張在 1975 年以前顯然未獲得支持，愈來愈多人認知到文化不能被化約為經濟或階級關係。的確，大多數的職業活動在此之前並未生產物質商品，也沒有使用機械技術。然而如同亞修（Archer 1990: 101）所說，最近有個人嘗試「重寫〔涂爾幹〕分工論的最後一章，讓它有個快樂的結局」。這就是貝爾（1976）

預測「後工業」社會的出現。貝爾指出後工業社會是人
與人之間的遊戲，而不是人與事物之間的遊戲。它的核
心特徵包括：

◆　投入服務業的人數多於從事原料或製品生產的
　　人數；這些職業具有專業和技術的主要特質；
◆　階級結構會朝著地位體系的方向作轉變；專業
　　和技術職業的成員組成社會上的優勢地位；權
　　力的場所由經濟領域轉向政治領域；
◆　理論知識支配實務知識，並成為創新和政策形
　　成的主要來源；
◆　技術可以在人類控制和計畫的範圍內進行發
　　展；人們可以設定技術目標，透過協調活動加
　　以完成；發明不再是偶發的個別化活動；以及
◆　最重要的技術不再是物質的而是知識的，所以
　　先前以直覺和判斷為基礎的人類決策現在則立
　　基於理性計算。

　　然而，這項主張的原則與聚合論題並沒有太大的差
異。科爾等人（1973）指出，貨品的生產技術創造出社

會之間的相似性；貝爾（1976）則認爲服務生產的新興
知識技術創造出聚合。在貝爾的觀念裡，新興社會是由
單一軸狀原則（使用理論知識來生產服務）所統理，而
這是未來社會組織的唯一可能原則。因此，地球上所有
的社會將會果決地邁向單一的後工業未來。

　　貝爾只在一篇預測 2013 年未來的美國與世界的短文
（1987）中明確的陳述全球化，本章後續各章節將會回
顧他在文中預示的一些主張。譬如，他預測地理因素不
再是「控制變項」，市場逐漸由整合式的電子網絡所組成，
受雇者的工作地點也將不受限定，國際經濟因而在實存
的時間而非空間中被連結在一起。他也預測民族國家的
消失，證據是國家將沿著民族的界線逐漸產生內部分裂
（Bell 1987: 13-14）。他認爲民族國家之所以會分裂，是
因爲他們無力處理全球經濟成長、第三世界現代化和環
境退化等問題，同樣的也無法回應多樣性的在地需求與
渴望。不過，我們仍需強調：貝爾的這篇文章並不夠格
成爲全球化論題，因爲他的陳述既不是描寫全球化的現
象或文化的出現，也沒有說明全球社會結構的體系特質。
貝爾在談到國與國之間的政策分裂，以及人口成長帶來
破壞性威脅等問題時，確實全都採取悲觀論調。

世界資本主義

　　在第二次世界大戰後，全球化隨著現代化而發展的觀念支配著社會科學中有關全球發展的思想近三十年。有一個適當的隱喻可用來說明這個觀念：每個國家都是登山者，他們前後相繼地向上攀爬，經歷「登山過程」（Mount Progress）。[4]最強壯者接近峰頂，其餘則因才能不足、裝備較差或缺乏訓練而瞠乎其後。他們在途中會遭遇山崩和惡劣天候等天然災難的阻礙，這些因素經常使其摔落山谷。接近峰頂的登山者通常會扔下繩索拉拔他人，但由於好的登山者從不會扔下他們最好的繩索，所以繩索通常不夠堅固，而且他們也會選擇性地決定要幫助誰。然而，大部分的落後者深信，沿著領先者的足跡將助其順抵終點。有些人選擇改變路徑，拒絕領先者的幫助，不過他們不會成功。當每個人都攻頂成功，他們將會彼此握手互道恭喜，因為他們都處於相同的位置。

　　　對於發展過程中處於不同發展位置的國家所作的描述總會出現問題。1960 年代分成「已發展」與「低度發展」國家；1970 年代分成「第一世界」與「第三世界」，「第二世界」即國家社會主義社會則勉為其難的夾在中

間；1980 年代分成「發展程度較高」與「發展程度較低」
國家；今日則分成工業化國家和新興工業化國家
（NICs）。這些畫分都指出發展用詞的兩極性。嚴格的
說，這些用法意含社會的低度發展肇因於其內部結構。
不過近年來對晚期工業化的考量已轉向這般觀點：低度
（和晚進）工業化國家與早期工業化國家之間的關係確
立了前者的位置，只要這類關係證實了社會與社會之間
的階層化，我們便能斷言有一個單一全球體系的存在。

　　有關各社會之間階層化的這項主張，在列寧（Lenin
1939）的布爾什維克革命作品中可以發現其起源。在分
析帝國主義作為資本主義的最後與最高階段時，列寧認
為國際剝削系統是由資本主義生產的社會關係當中發展
出來。引發這種形構的資本主義發展路徑如下：資本主
義的最早期階段是高度競爭階段，資本家在犧牲他人的
情況下尋求利益極大化。但是當某些資本家脫穎而出，
以及當獲利率下降時，資本主義市場上公司之間的不平
等便會導致某些部門產生壟斷的情況，於是有些公司退
出市場，或被較成功的競爭者併購。壟斷會造成價格控
制，因而增加資本的穩定（valorization），這意謂累積的
資本可以在銀行中以高度流動和機動的形式被儲存，而

不是被拿去再投資。銀行資本和工業資本的制度性合併產生了寡頭的金融資本，爲資本主義的拓展提供一道機制，使其得以藉由資本輸出手段達成超越國界的目的。而國際資本家的獨占形式則透過殖民國家的力量，同時在經濟上和領土上劃分世界。

　　列寧明確指出帝國社會某些重要的內在結果。首先，帝國主義重構了工人階級。在布爾喬亞的論述出現之前，列寧在上層的富裕工人與下層的普羅階級之間作出系統性的區分（1939: 105），前者透過海外剝削而致富，後者則因殖民地移民的湧入而增加。帝國主義因而使工人出現不同等級的分別，並鼓勵個人機會主義，造成工人階級運動「暫時的」衰退，這有助於解釋社會主義革命爲何延後。

　　我們現在可以檢視法蘭克（Frank）和阿敏（Amin）兩人對列寧論點的改良。倘使我們把列寧的主張推到極致，假定資本主義體系在其自身的馬克思主義邏輯推動下未曾垮台，資本輸出終將造成世界各地高度的、即便是不平等的發展，然而此種普及性的發展顯然未曾發生。獨占性資本家的帝國主義確實相當穩固的存在約一世紀，法蘭克（1971; Cockroft *et al.* 1972）認爲箇中理由

在於，實際上是純資本輸入者的獨占公司只能以資本輸出者的面貌出現。他們輸入殖民地製造的獲利，以供應自身內部的資本累積，至於輸出到經濟殖民地的資本只不過是「種子基金」（seed money）投資，主要是爲了剝削當地勞力來生產食物和原料。殖民地商品可以低價輸入到核心國，但核心國的製成品卻以高價輸出，其間所得的剩餘歸於投資者，因而使資本穩定。結果，低度發展成爲殖民母國和殖民地之間的依賴模式。資本的輸出並未提供工業資本主義的依附式發展（satellite development），而是僅提供商業資本主義的發展，也就是依賴者（dependent）和買賣者（comprador）[5]的發展，儘管如此，他們只不過是剝削殖民地的布爾喬亞罷了。

全球化效果之所以產生，主要是由於它有助於維持核心國家的資本主義。它提供的致富過程造就阿敏（1980: 26）所稱的「社會民主聯盟」（social-democratic alliance）。就像列寧一樣，阿敏認爲工業工人階級被區分爲兩個部門，第一個是整合的且有相對特權的部門，第二個是分散的，由沒有特權的少數民族、婦女和年輕人組成的部門。社會民主聯盟一方面連結核心的布爾喬亞和富裕的工人階級，另一方面連結核心的布爾喬亞和依附的（買

賣者）布爾喬亞。這三個團體透過共同的活動而得以維
持現狀。

> 國際分工指出了用來控制勞動力的兩項主要策
> 略：邊陲國家再生產愈來愈多的後備軍，以及核
> 心國家當中工人階級的畫分……國家與國際的貨
> 幣和信貸政策（諸如國際貨幣基金會的相關政
> 策）強化了這種對勞動力和國際分工的雙重控
> 制。　　　　　　　　　　　　　　（Amin 1980: 27）

　　阿敏強調，帝國主義發展的最後階段是使殖民地的
無產階級和農民階級不再貧困（immiseration），資本主
義的拓展將殖民地經濟貨幣化（monetarizes），因而為殖
民地社會生產的耐久品提供一個潛在的市場。不過，僅
供維持生活的農業無法適應這種市場，所以只好以商品
農作物農業替代之。正是商品農作物農業的發展，將其
轉化成資本主義的擴張。由於小農力量薄弱，且依賴第
一世界的價格，所以他們的收入逐漸減少，最後終告失
敗。唯有大規模的機械化農業方可存活，但卻迫使農夫
離開土地，造成了殖民地或前殖民地邊陲地區的都市化，
引發都市失業的現象，並使其成為缺乏階級意識的無產

階級（lumpenproletariat）。

　　把世界視爲單一經濟體的社會學論述以華勒斯坦（Wallerstein）的主張最具影響力（1974; 1980; Hopkins and Wallerstein 1980; 1982）。他的基本分析單位是世界體系（world-system），世界體系的發展獨立於組成該體系的社會或國家內部的社會過程與關係。世界體系具有下列各項特徵（Wallerstein 1974:347-8）：

◆　它的發展動力主要是內在的，意即這些發展動
　　力不是由外在發生的事件所決定；

◆　在物質上它是自給自足的，因其內部各社會之
　　間存在著大量分工；以及

◆　它包含多樣性的文化，在現象學的意義上，個
　　別參與者可將這些文化多樣性的加總視爲「世
　　界」（the world）的構成。

而世界體系有三種可能的類型：

◆　世界帝國（world-empires）。係指多樣性的各種
　　文化統合在單一政府的支配下；歷史上曾存在

許多世界帝國（例如古埃及、古羅馬、古中國、
蒙古帝國、封建俄羅斯帝國、奧圖曼土耳其帝
國）。

◆ 世界經濟（world-economies）。係指用一個共同
的經濟體系整合多樣性的政治國家，而不同的
政治國家仍保有一個單一文化（「民族國家」）；
世界上唯一堪稱穩定的世界經濟，即是由一個
單一的資本主義經濟體（包括國家社會主義社
會）所整合的現代世界經濟。

◆ 世界社會主義（world-socialism）。係指單一的、
統合的政經體系整合了多樣性的各種文化，致
使民族國家和資本主義均告消失；不過世界上
並無世界社會主義的例證，它仍是個烏托邦式
的建構。

華勒斯坦探索現代的、歐洲的世界體系從中世紀末
出現到當今的演進。他以下列方式描述此一新興現象：

十五世紀末期和十六世紀初期出現了我們所稱的
歐洲世界經濟。它不是一個帝國，但其版圖和帝

國一樣寬廣，也具有某些帝國的特徵……它之所
以是一個「世界」體系，不是因為它包含整個世
界，而是因為它大於任何法律上界定的政治單
位。正因為系統的各部分之間具有基本的經濟性
連結，所以才被稱為「世界經濟」，雖然它在某
種程度上會被文化連結所強化，甚至最後……被
政治協定，甚至是同盟（confederal）結構所強化。

（Wallerstein 1974: 15）

華勒斯坦論點與法蘭克（1971）和阿敏（1980）的
依賴理論差別之處在於，世界經濟中的壓力中心（focal
point of pressure）是國家結構。國家藉由吸收資本主義
的成本，以及管理它所創造的社會問題，而有助於資本
主義的穩固。此舉將分化的基本過程從經濟單位（例如
階級）轉移到國家，因而現代世界體系分化為三種國家
類型：

◆　核心國家：係指擁有與民族文化整合在一起的
　　強大政府結構，這是體系內已開發、富裕且具
　　支配性的地區；歐盟、日本和美國即為二十世
　　紀晚期的代表。

◆ 邊陲地區：係指那些弱小國家和被侵略的文化，這些地區普遍貧窮，因而在經濟上依賴核心國家；「南方」（即位在亞洲、非洲和拉丁美洲）的「新興工業化國家」是二十世紀晚期邊陲地區的代表。

◆ 半邊陲地區：係指那些擁有中等強度的政治結構、單一商品或低技術經濟體的國家。在某種程度上仍會依賴核心國家的半邊陲地區，可能是沒落的早期核心國家，或是從邊陲地區脫穎而出。包括石油生產國、東歐的社會主義國家和東南亞的「幼龍」（young dragon）社會都是二十世紀晚期的代表。

這些地區的各個國家之間存在著分工：「需要較高層次技術和較多資本的工作留給較高階的地區」（Waller-stein 1974: 350）。不過，半邊陲地區的位置具有特別的理論重要性，因為它們的存在避免核心與邊陲產生兩極化和衝突。

華勒斯坦努力的討論國際分化與內部階級結構之間的偶然連結。他主要關注社會階級——也就是韋伯自我

覺察意義下的階級社群——的發展。譬如在十六世紀的
歐洲國家當中，一個被國家限制的、同時是布爾喬亞的
階級意識的形成是為了回應一個小而顯眼的工人階級的
出現。重要的是，只要生產的社會關係穩定了世界經濟，
這些階級的形成會與世界體系的形成相連結。核心國家
能不能留在核心地區，取決於他們在面對工人階級要求
重分配時，究竟具有多少維持資本積累的能力。

　　資本主義的運作關連到長時期的循環律動，其中的
核心是整個經濟擴張和緊縮的常規與興衰模式（Waller-
stein 1990: 36）。在一篇著名的文章中，他指出其中一項
對循環模式的反應：

> 資本主義的世界經濟已然明瞭整個體系的地理疆
> 界必須被擴張，藉以創造新的生產場所，參與其
> 軸狀分工。過去四百年來，這些連續的擴張已將
> 資本主義世界經濟從原初位居歐洲的體系轉變成
> 涵蓋全球的體系。　　　　　　　　　　（1990: 36）

　　持平而論，華勒斯坦確實指出，在世界體系的政治、
經濟和軍事統治者的心中已意識到這種需求，他們有計
畫的使用多種壓力去克服在「併吞」（incorporation）過

程中各地區出現的抵抗。他們使用的其中一項技術是「推銷」（sell）西方的優勢，作為現代化的普遍化過程，以使其併吞行動更加容易。

　　雖然有些學者認為華勒斯坦的理論是真正全球化理論的先驅（例如 Giddens 1990: 68-70），但是他的主張基本上卻與這類陳述不一致。對華勒斯坦來說，地緣體系的各個整合機制全然是經濟性的——它們是由相對的各主權國家與相對的各獨立文化之間的貿易和剝削關係所組成。對照之下，在第三章所將檢視的真正全球化理論則提到，文化導向的全球單一化「打開」並打破國家政體與地方經濟體之間的障礙。更重要的是，世界體系或者數個體系的存在本身並不意謂全球單一化。華勒斯坦所稱的是現象學上的世界，而不是物質上的世界。數個世界體系可以共存於地球上。世界體系論點唯有在能同時說明所有國家皆併入資本主義世界體系，以及各政體和各文化經由體系的擴張而整合時，它才可能成為真正的全球化理論。前項說法出現在華勒斯坦近期有關資本主義發展的循環特質敘述中，至於整合政治和文化的可能性似乎僅存在於他對世界社會主義的勾勒當中。

　　雖然史凱勒（Sklair 1991）的主張近似於華勒斯坦

和法蘭克的論調，但是他的觀點告訴社會科學家要多留
意全球化潮流中產生的跨國關係，故其理論更能明顯的
說明該主張。史凱勒認為跨國實踐（transnational prac-
tices）的全球體系主要由資本主義加以組織，這種主張
與華勒斯坦頗為類似。跨國實踐在三個層次上運作，在
分析上可區分為經濟、政治與文化意識型態三個層次，
各層次都被一個主要制度所控制，使其朝向全球化方向
前進。跨國經濟實踐的主要場所是跨國企業；政治實踐
的主要場所是跨國資本家階級；文化意識型態實踐的主
要場所是消費主義文化。不過，史凱勒就像稍後所將檢
視的政治科學家一樣，對於跨國實踐與民族國家之間的
效能均衡問題含糊其詞。民族國家是跨國實踐「空間上
的參照點」，各種跨國實踐在民族國家領域中交錯，但另
一方面，也許更重要的參照點是「以全球資本家為基礎
的全球資本主義體系，它確實導引著經濟的跨國實踐，
同時也是努力支配政治和文化意識型態的跨國實踐最重
要的單一力量」（Sklair 1991: 7）。

　　然而，史凱勒卻採取一種霸權的說法，把「全球」
資本家階級擺回民族社會體系的內在運作當中：「世界上
只有美國這個國家的機構、組織和階級在這三領域都是

霸權」（1991：7）。史凱勒認爲，正是霸權國家助長資本
主義成爲全球體系，就像十九世紀的英國和二十世紀的
美國，這種主張不免讓人聯想到吉爾平（Gilpin）的論點
（參考下文）。不過，史凱勒不像吉爾平，他不把利他主
義歸因於任何霸權國家，因爲全球不平等是各霸權國家
依其自身利益所建構，因而各國家都得承擔全球不平等
的責任。

跨國連結

　　假如全球化果真成爲一個實體，它會爲政治科學帶
來許多問題。[6] 政治科學分析把焦點擺在民族國家的程度
遠甚於社會學。倘使全球化真的生效，民族國家將是主
要的受害者。國際關係（International Relations）[7] 此一次
學科，是針對全球趨勢進行政治分析的主要方法。關注
外交、帝國主義和戰爭的國際關係學科經常採用政治的
全球觀。傳統的國際關係觀點援用波頓（Burton 1972：
28-32）所稱的「撞球模式」（snooker-ball model）來看
待這些過程，[8] 在撞球模式中，各個國家可用小球來代表，
這些球的重量和顏色相異。當它們與時更迭，或者在撞

球檯上移動，便會和其他球產生互動。每顆球都有玩家
（爲其自身政府的代理人）在背後施展某種「自主性」
（autonomy），但自主性的運作受限於他球（即其他國家）
的位置和行動。將此模式加以延伸，白球即是超級強權。

　　國際關係學門爲了順應國際政治形式的轉變而歷經
多次變遷，然而最近一次的轉變最爲顯著，與全球化的
近期加速階段同時發生。該學門原本只討論基本的政治
作爲（agencies），但現在也包含了各經濟與各文化之間
的關係，在這同時，該學門也把自己重構爲全球化的原
形理論。但是它也只能被描述爲原形理論，因爲它所有
的例證都是二元的。國際關係學門仍舊關注國與國之間
的關係，但也從旁加入了經濟與文化的整合發展。

　　或許國際關係學門需要改變的頭一個徵兆是由波頓
（1972）本人所提出。波頓在大學教科書中，囑咐讀者
無需研究國際關係，而要研究世界社會——世界社會是
由一層層的國與國之間的關係所組成，擁有超越或推翻
國界的個體和集體之間的網絡或體系關係。如果我們暫
且不談波頓所作比喻的最後延伸，該論點可以引領我們
將撞球檯視爲諸球之間構成一張如蜘蛛網般相對脆弱的
連結，當諸球和緩地移動（外交），它們會依循這些細網

的牽引；當它們激烈地移動（戰爭），便會破壞這些細網。
波頓認爲這些網絡模式的基礎是貿易、語言、宗教認同、
種族性、意識型態、策略聯盟、溝通連結、法律和溝通
習慣等因素。爲了清楚地預想眞正的全球化理論，他認
爲我們應該以其所稱的「有效距離」（effective distance）
觀點取代過度簡化的地理距離觀（1972: 47）。各個地點
之間的系統性連結愈稠密，它們實際上會愈親近。如果
我們把波頓的主張發展到極致，一個眞正的全球化理論
確實會出現——假如整個世界是由各種網絡連結在一
起，如同於在地脈絡中那般的稠密，那麼地點和地理兩
者都將消失，這個世界將會眞正的成爲一體，民族國家
將成爲冗贅之物。然而，對波頓和其他許多政治科學家
來說，這個看法仍嫌太過激進，因爲它否定了國家是社
會生活的基本組織原則。他想要堅持世界是二元的，在
次國家的層次上整合，但實際上世界仍被組成不同的民
族國家。不過波頓並不孤單，因爲二元論是政治科學與
國際關係學門全球觀的底線。譬如布爾（Bull 1977）仍
持續強調國家體系（states system）的特點，也就是多數
互動的主權國家接受一組共同規則和制度的國際關係類
型。布爾指出，「新中古世紀」（new medievalism）的出

現是對國家體系最顯明的威脅，這個由各個重疊或分割的權威體制所組成的系統會損害國家主權。他將此威脅分為四部分，大體上與本書的論點一致。它們分別是：

◆ 國家傾向在區域的基礎上進行合併（例如歐盟）；
◆ 國家解組成為民族性（nationalities）的組成；
◆ 國際恐怖主義的出現；
◆ 全球技術單一化。

　　然而布爾斷言，沒有證據顯示世界社會的出現會取代國家體系，但是他用來衡量世界社會出現的標準太過嚴苛：「不僅要連結人類社群的所有部分，還要有共同利益與共同價值感，在此基礎上，共同的規則與制度才得以建立」（1977: 279）。沒有一位全球化理論家會同意這種子虛烏有的稻草人情境（可以參考第三章對羅伯森作品的回顧）。但是這種衡量標準確實讓布爾在面對其所引用的大量反證時，仍能高興的作出這般結論：「我們已注意到世界政治體系的存在絕非意含國家體系的終結」。[9]
　　羅哲瑙（Rosenau）對於逐漸顯現的全球互賴所作的分析則是以二元取向看待現今轉變的另一項例證。[10] 羅

哲瑙早期的作品（1980）關注他所稱的「跨國化」（trans-nationalization）。跨國化是一個過程，非政府的個體和團體之間的關係透過該過程補充了政府和政府之間在國際層次上的關係。羅哲瑙在此是一位技術決定論者，與科爾及其同事或貝爾頗爲相仿：

> 由技術創新所發起，並由持續進步的傳播和運輸所維繫的動態變遷已將新的協會和組織帶入政治領域，這些新的實體努力獲取外部資源，或是與海外的實體互動，此舉擴張世界事務變動的範圍並增強之。　　　　　　　　　　　　（1980:1-2）

所以，對於處理世界事務的政治科學來說，適當的研究不再只是「國際關係」，而是「跨國關係」，涉及各政府、政府與非政府的國際機構以及非政府實體之間複雜的社會外部關係。非政府形式的互動回歸到國家領域中，一方面讓非政府實體或國際機構得以和國家產生愈來愈多的互賴，另一方面當它推動社會外部團體進入世界舞台時，解組效應會接續產生，這涉及「一種轉換，甚至瓦解了已存在近四世紀的民族國家體系」（Rosenau 1980: 2）。然而，在這種矛盾的情況下，他堅持民族國家

無論如何仍然是個要角。他說，有些政府「享有近乎完全的權力去設計和執行政策」，而所有的政府都具有高度適應力，處理全球體系中的變遷（1980: 3）。我們只能視之爲不可思議：在他們設法這麼做的同時卻又產生破壞。

即便羅哲瑙的分析已臻於成熟，但這種雙重性卻未消失。在他近期的作品中，全球化變得更爲清晰，他極力主張他所稱的鉅型全球結構（macro-global structures）會一分爲二，成爲「世界政治的兩個世界」（1990: 5）。他現在打算使用「後國際政治」（postinternational politics）詞彙來描繪這個一分爲二的體系（1990: 6）。該詞意指在面對不可預測的動亂和失序時，國家之間單純的國際關係撞球模式現已消失，取而代之的正在進行中的階段轉型。

羅哲瑙指明這個階段轉型的五個根源，先從他最熟悉的「科技」開始（1990: 12-13）。它們分別是：

◆　後工業化促引微電子技術的發展，使人類、觀念和資源能在全球快速移動，因而縮減了全球距離；[11]
◆　地球問題的出現已超出國家所能解決的範圍；
◆　在民族基礎上，國家解決問題的能力已然下降；

◆ 在各國家社會內部出現新而更爲強勢的次集團
（subcollectivities）；
◆ 成年市民的專門技術、教育和反思賦權（reflexive
empowerment）日益增高，使其更不易臣服於國
家權威。

在這些根源當中，「技術動力」仍然是最重要的：

正由於技術大幅改變人類事務發生的規模，使人
們能夠以較少的時間處理更多的事，其所帶來的
深遠影響已非早期年代所能想像。簡言之，正是
技術的助長作用，使得地區、國家和國際社群的
互賴程度遠超過以往所經歷者。

（Rosenau 1990: 17）

羅哲瑙現在能夠清楚地說明一分爲二的全球結構的
演變（1990: 14）。國際關係出現於 1945 年的第二次世界
大戰，這時期的國際關係是由美、蘇兩大強權及其附屬
的同盟陣營所支配。該支配模式同時面臨分散動力與集
中動力，分散動力來自於地球上人口與資源分配的變遷，
導致第三世界國家的出現；而由微電子技術發展促成的

集中動力則導致政府和非政府國際組織的發展。到 1960
年代爲止，這已將夠多的不穩定性帶入體系內，設下了
動亂的條件：個人變得更爲獨斷且難以駕馭、不能解決
的全球問題浮現、次團體和地方主義（localisms）變得
更有活力、而國家開始呈現無法勝任的窘境。到了 1980
年代晚期，一分爲二的現象在國家中心世界和「多元中
心世界」（multi-centric world）之間變得更爲明顯，前者
是由美國、蘇聯、歐洲共同體／歐盟、日本和第三世界
之間的關係所組成，後者則由次團體、國際組織、國家
科層體制（state bureaucracies）和跨國行動者（如跨國
公司）之間的關係所組成。多元中心世界努力的向國家
爭取自主性，而國家中心世界則是努力的維護政治制度
的安全。這些原則之間的矛盾將人類社會推向一個動亂
的時代。

　　相反的，吉爾平（1987）則努力的保存國家的特質。
他追隨馬克思和華勒斯坦，把全球化連結到資本主義的
進展。但是讓吉爾平感到有趣的是資本主義的特殊面向：
這個世界將會全球化，屆時資本主義市場和商品化
（commodification）的過程將會擴張並滲透到世界各角
落：「市場的競爭和行動者對相關價格變動的反應，推動

社會朝向專門化程度更高、效率更高的方向發展，……
最終達成全球的經濟統一」（1987: 65）。吉爾平提出的「市
場」一詞，相當於波頓的「系統」或羅哲瑙的「多中心
世界」：「（市場）主要是由其內部自身的動力所驅動」，
但是此處他又帶有某些精神分裂的傾向，指出進展的步
調和方向「深受外在因素的影響」（Gilpin 1987: 65），我
們知道他肯定是把國內和國際的政治架構當成最重要的
外在因素。此外，我們也得知道，如果吉爾平意欲說明
市場化（marketization）的步調和方向深受國家的影響，
那麼其自身的內在邏輯僅存微乎其微的功效。[12]

　　對吉爾平來說，在地緣政治（geopolitical）穩定的
情況下，資本主義市場及其全球化效應才能最有效的推
展。被超級霸權支配的國際政治經濟具有穩定的功能。
假如市場想要繼續飛黃騰達，霸權就得採取自由的定位
而非威權的定位。所以：「一個霸權的或支配的自由力量
是世界市場經濟充份發展的必要條件（雖然不是充要條
件）」（1987: 85）。如果沒有霸權把自由和完備的條件加
諸在市場上，全球經濟體系將分解成國家主義和重商主
義的競爭，各國家將會試圖壟斷需求和供給。

　　自由霸權的盛行及其導致的市場化／全球化勃興經

歷過兩個主要階段。第一階段涵蓋十九世紀大半葉，英
國憑藉有利的工業發展、殖民帝國和卓越的海軍而成為
支配霸權。這是國際秩序與國際安全時期，在這段時期
中，國際關係作為國家之間反思性的外交策略已然出現，
而盟約、聯盟和全球帝國主義的擴張也出現在該時期。
第二個階段較短，從 1945 到 1970 年，美國依恃技術優
勢、大量生產系統和軍力成為這個階段的霸權，透過布
列敦協定（Bretton Woods agreement）設立的國際貨幣基
金和世界銀行來穩定匯率和抑制國際通貨膨脹；另外也
訂立馬歇爾計畫（Marshall plan）協助歐洲經濟重回世界
市場；而他也創設關稅暨貿易總協定以及「最惠國」系
統，嘗試降低國際上的關稅保護。

　　吉爾平現在嘗試重拾傳統的智慧，認為美國由於無
法在世界市場上與亞洲、歐洲的生產者競爭，致使其霸
權地位下降。吉爾平進一步指出，美國選擇不再扮演霸
權角色，這種作法在國際政治經濟上造成了重商主義者
的三邊纏鬥，如此一來，國際政治經濟對吉爾平而言不
再是真正的全球化，而是國家主義試圖藉助租稅競爭、
禁止移民、投資補助、出口補助和抑制進口等方式使鄰
國變窮，藉此獲致成功。這個過程中的行動者經常是區

域性的國家集團（例如安地斯集團、亞太經濟會議、東南亞國協、歐盟、北美自由貿易區），不過這些行動與十七、十八世紀重商主義國家的所作所為如出一轍。

在這個充滿矛盾的論題中，吉爾平對當今經濟問題的解決方式顯然自相矛盾。他要求多元的介入，以恢復經濟自由主義，意即要求三邊的支配國家朝著市場自由的方向協調其政策，但是在霸權穩定的理論下，這類策略並無法成功。的確，從七大工業國經濟高峰會和關稅暨貿易總協定的烏拉圭回合談判可以看出，這種嘗試的進展甚為緩慢，證實了這項命題。

具有爭議的是，政治科學對全球化作出的四項說明大致上和世界體系理論一樣，都處於相同的層次。它們準備承認世界經濟體系的出現，但卻不願承認民族國家和民族文化終將瓦解的可能性──它們確實經常採取理論上的二元論，其中矛盾的因果效應散見於理論各處。儘管多國或跨國企業經常比國家更強而有力，儘管文化的潮流遠較過去更能跨越國界，但是對政治科學來說，全球政治經濟是由國家之間的互動所組成。這種狹隘的觀點致使其不願承認國家已逐漸把主權交給國際和超國家組織，以及更多的在地政治單位。

地球村

在個人心智深受大眾傳播影像影響的世界裡，令人驚訝的是，社會科學竟然將注意力擺在經濟面向上的全球整合，而忽略了文化或意識面向。這可能是因為社會學和政治科學同時都是非全球化的和現代的學科，與後現代的學科對立。在此情況下，身兼文學家和傳播理論學者的麥克魯漢（Mashall McLuhan）則提供另一種選擇。從實證的觀點，或者甚至從分析社會科學的觀點來看，麥克魯漢泰半的作品並不令人滿意。雖然他的觀念早在三十多年早已發表，但是觀點頗具洞察力，且影響了往後探究全球化理論的學者，譬如紀登斯最近有關全球化的論述（參考第三章）顯然受到麥克魯漢甚多的啟發。

對麥克魯漢（1964）來說，文化的決定原則是傳遞的媒介而不是內容。媒介包含所有感官知覺的延伸，因而包含著傳播和運輸的技術。羅哲瑙和哈維的技術決定論（參考第三章）即承繼麥克魯漢的立場，把歷史的周期性分成兩個主要的時期，大致呼應了涂爾幹所提的機械連帶和有機連帶。第一個是所謂的部落時期，立基於口語技術並使用製作輪形物的技術，在這種口述文化當

中，人類經驗必須是即時的、直接的和集體的，也必須
是神秘的、敏感的和完整的；第二個是工業時期，立基
於手寫言語和機械化的技術，在這種能讀能寫的文化中，
人類經驗被片斷化和私己化，書本的寫作和閱讀被個人
化。此外還強調視覺特性，犧牲了聽覺、觸覺和嗅覺，
讓觀察者得以在遠處以不涉入的方式進行觀看。而印刷
也將思想建構成相互連結的線狀序列，讓社會得以理性
化而後工業化。

　　這種轉變也具有全球化效應。紙張、車輛和道路的
使用，成為邁向紀登斯所稱時空延伸（參考第三章）的
第一步，由於它們具有加速溝通的能力，使其開始連結
距離遙遠的不同地區，並降低部落或村落的意識；它們
也讓權力中心能將其控制拓展到原有的地理範疇之外。
再一次的，麥克魯漢的時空觀點遠比紀登斯和哈維更早
提出，他指出空間經過時間的推移出現的重整伴隨其他
兩項重要的普遍化發明而來，第一項是機械鐘的發明，
瓦解了時間的規律和季節的概念，取而代之的是一個恒
久的概念，由於時間可被精確畫分以利測量，故而可以
測量的、普遍的時間變成現代世界的組織原則，與人類
的立即經驗分離。正如麥克魯漢所言，機械鐘的使用讓

時間得以被切割，勞動的區分才得以成形（1964: 146）。
第二項發明是貨幣（也就是紀登斯所稱的「象徵標誌」），
增加了關係產生的速度與數量。

當今的環境構成了新時代的轉變，印刷、時鐘和貨
幣等主要的工業媒介和個人化媒介逐漸被電子媒介所取
代，使部落主義的集體文化得以在擴張性的全球規模上
重建，而速度是其主要特徵。由於電子傳播實際上具有
立即的特性，能把事件和地點置放在一起，使其成為完
全的互賴。電子構築了宛若人類中樞神經系統的全球通
訊網絡，使我們得以瞭解並經歷到整體世界：「我們可以
憑藉電流將中樞神經系統進行全球性地擴張，立即地與
所有的人類經驗產生關聯」（McLuhan 1964: 358）。電子
的快速性與資訊的同時性可以迅速處理線狀序列和理
性，使世界不僅經歷全球化，而且面臨著混亂。

電子傳播和快速運輸的加速效應，創造麥克魯漢所
說的「內爆」（implosion）結構效果（1964: 185）。他用
該詞說明所有經驗面向同時匯聚在同一個地方——吾人
可以同時感覺和接觸到遠距外的事件和物體。在面對同
步性、同時性和立即性時，工業文明的中心－邊緣結構
將會消失。麥克魯漢用一種圖像式的方式斷言：「這是一

個地球村（global village）的新世界」（1964: 930）。[13]正
如部落社會的成員已意識到他們和其他成員之間彼此完
全互賴，地球村的成員也不能避免的意識到人類社會是
一個整體。不過全球空間一點也不像部落社群。

> 電子電路已推翻了「時間」和「空間」制度，讓
> 我們得以立即且持續地知悉他人的事務。上述情
> 況在全球規模上進行重構的對話，傳達整體變遷
> （Total Change）的訊息，終止了心理、社會、經
> 濟和政治的偏狹主義。舊的城市、國家和民族團
> 體已無法運作，已經沒有任何事情可以超越新科
> 技的精神，新科技精神「無所不包，所有事物在
> 此皆各得其所。」四海皆可為家，你再也沒有真
> 正的家可以回了。
>
> (McLuhan and Fiore 1976: 16)

全球化的前兆

　　後續章節將檢視在全球化的加速階段中大量出現的
全球化理論，麥克魯漢饒富洞見的見解頗能激勵這些當
代的社會理論家。不過從上述介紹中可以明顯看出，社

會學家和政治科學家在長達四分之三個世紀裡至少已模糊地意識到社會的重大改變，他們提出的理論觀點彙整如下：

1. 資本主義的出現代表一股重要的全球化動力。資本主義是一種有效的生產形式，它授與龐大的權力給資本主義的控制者。這股力量可用來推翻、控制或規避宗教、政治、軍事或其他面向的權力來源。

2. 資本主義內含兩個傾向逐漸增加社會性包含（societal inclusion）的主要過程。第一個過程是由仰賴生產規模逐漸增加的積累邏輯所驅動，第二個過程是由商品化或市場化邏輯所驅動，使其朝向消費規模的增加。

3. 資本主義也會披戴著現代化的斗篷。它不只是提供增加總體和個人物質福利的這般展望，而是要提供自傳統束縛中解放的展望，故使得現代化不可避免的來臨，而資本主義必然產生。

4. 然而現代化不只是個意識型態，它的分化趨勢會把一系列的活動從在地和傳統脈絡中脫離出來，讓這些活動在全國性和跨國性的層次上進行再結合。

5. 民族國家是一個重要的新興現代結構，它成為建立
    集體社會目標和達成該目標的原則工具。這些目標
    原本的焦點是安全、國內秩序和解決紛爭，但是在
    國家經濟與福利體系範疇內，這些目標現已逐漸擴
    大到涵蓋管理集體與個體的物質條件。

6. 國家目標若欲達成，必須促使國家與他國建立關係，
    國際關係體系於是出現。戰爭、聯盟、外交和殖民
    政策是十九世紀國際關係類型的主要過程，在二十
    世紀則更形擴大，包括貿易、財政管理和文化關係。

7. 不過，國際關係不再只是各社會之間的連結，一個
    穩定的國際關係體系讓「跨國實踐」得以發展，社
    會與社會之間的連結基本上側重經濟交換，但也擴
    延到品味、時尚和觀念。

8. 電子傳播和快捷的運輸是這些跨國實踐發展的主要
    技術。它們的「立即」特性已提高了普遍文化在全
    球化當中進行轉變的可能性。

　　我們現在可以檢視當代的全球化理論家，看他們如
何把這些觀點整合到全球化的一般論述當中。

3 面對新世界:晚近理論

Now all the world's a sage
Marshall McLuhan and Quentin Fiore

　　社會學無法自外於全球化潮流。社會科學和政治、商業和綠色社會運動一樣,一直提及「世界」、「地球」和「全球」等詞。由於「全球化」緊跟在「後現代性」(postmodernity)之後(Crook *et al.* 1992; Harvey 1989; Smart 1993),加上爭議較少,故使其成為 1990 年代分析社會變遷的流行用語。上一章瀏覽社會科學對描繪全球化趨勢所作的各種嘗試,本章僅將焦點擺在概念本身的發展和運用。

　　如同導論中提到的,「全球化」概念約從 1980 年代中期開始流行。它之所能發展成一個特殊的社會學概念,得特別歸功於匹茲堡大學的羅伯森(Roland Robertson)。不過,本章考量的不只是羅伯森的全球化理論,還包括紀登斯、哈維、貝克、以及勞許和優瑞的觀點。正是這些人的努力,讓全球化概念得以廣為流行。

世界作爲「同一場域」

　　羅伯森是詳述全球化概念並加以形式化的重要人物。他的自傳本身或許可被視爲一個連結所謂跨國化與全球意識（global consciousness）的例證。他的學術生涯在英國展開，初期研究嘗試將現代化的功能論概念連結到國際脈絡。此時的他和其他社會學家一樣，把「民族國家－社會」當成分析單位，但是他也認爲民族國家是國際領域中的行動者。羅伯森在 1970 年代轉赴美國，在此間開始從事宗教社會學的研究，而他對宗教發展的詮釋基本上也帶有全球取向。他反對當時學界一股腦地把世俗化當成主要的社會過程，故轉而關注回教基本教義主義的發展，因爲這標示宗教與政治之間出現世界性規模的連結。對於韋伯主張基督新教傾向將意識擺在物質世界而非精神世界，羅伯森對此也深感興趣，於是重拾早期對國際社會的關注，其首批勾勒全球化的文章便在 1980 年代中期問世，此時的主要關懷對象不是民族國家，而是全球及其文化。羅伯森自其治學生涯開始，即已認爲國家社會（national society）概念使社會學與世界上發生的重大變遷脫節，這種現象令他頗感難受，所以

開始解開國家社會概念的束縛：

　　就我個人的生命歷程而言，直到今天為止，我對
　　此事的觀點無疑是受到早期某一重大智識抉擇的
　　影響，當時我的腦海裡縈繞這個問題：做為一名
　　大學生，我該研究社會學或是國際關係。

　　　　　　　　　　　　　　　　　（Robertson 1992: 4）

　　在與政治科學家聶拓（J.P. Nettl 1968）合作的作品
中，羅伯森首次嘗試解決這種緊張，試圖連結現代化與
國際體系。他的論點主要是在陳述這樣一種國際體系明
顯存在，至少是在發展當中。這種體系觀念採借自派森
思，並應用其著名的 AGIL 架構（最早是由派森思和史
美舍（Smelser）在 1968 年提出），認為一個完整的體系
擁有數個結構或部分，用以解決四項體系問題：

◆ 適應環境（A）；
◆ 建立達成目標的實踐（G）；
◆ 整合體系各部分之間的交換（I）；
◆ 不斷的為完成體系的再生產作潛在準備（L）。

仿效這個架構來描繪，任何社會體系當中都必須有經濟、政治、社群與文化活動。聶拓和羅伯森（1968）率先承認完全成形的國際體系並不存在（或者不在 1960 年代出現），他們認為體系建構的過程仍在進行中，從「G 次系統」（國家之間的國際互動）出發，但遭遇到文化領域（L 次系統）中某種不能解決的分裂形式阻礙整個體系的發展。

他們所稱的「一項草率的實證調查」（Nettl and Robertson 1968: 50）證實了該論點。各國的組織在國際層級上試圖推動並「系統化」其他三個次系統，譬如聯合國教科文組織（UNESCO）和世界衛生組織（WHO）即是 L 次系統，國際郵政聯盟（IPU）和國際空運協會（IATA）是 I 次系統，而世界銀行（World Bank）和國際勞工組織（ILO）則是 A 次系統。在較高的抽象層次上，國家之間的國際體系正積極投入：

◆ 在國際層次上（通常是在大陸（continental）層次上）分受權力，以提供集體安全；

◆ 在各領域建立普遍的價值和規範，譬如政治權和社會權、使用核能以及動武原則等領域；

◆ 透過經濟資源的重分配，緩和國際階層化形態
造成的分配結果；以及

◆ 協調各國在貿易、遷移、文化表演等領域上的
交換。

不過，國家之間的國際體系發展僅及於文化次系統
或 L 次系統允許的幅度，其內部會出現三個阻礙全球系
統化的明顯分裂（Nettl and Robertson 1968: 152-62）：

◆ 宗教的分裂──此處的焦點不是宗教教派（de-
nominations）本身，而是以認識和價值的角度
看待生命與世界的總體觀。宗教的分裂可用這
類區分來表述：內在導向與外在導向、現世與
來世、唯理主義（theoreticism）與唯美主義
（aestheticism）、理性主義與傳統主義、以及線
狀的時間觀與循環的時間觀。

◆ 各文化之間出現法律－外交的分裂，其中一方
面是正常而例行的國際接觸與「律則」（the rule
of law），另一方面則是內在取向和專制主義的
文化。

◆　重視與工業發展一致的規範（例如理性化、個
人主義、非個人權威）與不注重這些規範的這
兩種文化之間出現工業分裂。

宗教和更多特定的文化不連續性將世界分裂成兩個
面向，阻礙了全球單一化。這種分裂可用羅盤方位加以
表明：從宗教與法律的角度來看，東方（例如中國）與
西方（例如美國）是隔離的；從外交與工業的角度來看，
北方（例如前蘇聯）則與南方（例如衣索匹亞）隔離。
然而，聶拓和羅伯森卻將三者視為一個階層等級，階層
頂端擁有最高程度的「功效」（effectivity）或「控制」
力量。而宗教就其最普遍的意義來說是全球化的決定性
因素。

羅伯森的晚近作品（1992）指出，結束這些分裂的
可能性在 1980 年代後期似乎大幅提升，他不再談國家之
間的國際體系，而是在文化層次上談全球化。他從界定
全球化概念的兩部分定義開始：

全球化作為一種概念，同時指涉世界的壓縮，以
及增強世界作為一個整體的意識……這兩者凝結

了二十世紀的全球互賴與全球整體的意識。

（Robertson 1992: 8）

　　該定義的第一部分——全球壓縮（global compression），與依賴理論和世界體系理論的主張相似，係指各國家體系之間靠著貿易、軍事結盟和支配、以及「文化帝國主義」等方式使互賴程度與日俱增。華勒斯坦（1974）告訴我們，從十六世紀初期開始，全球一直經歷社會壓縮，但羅伯森認為這段歷史實際上起始於更早以前。然而，「全球意識的增強」這個觀念是該定義中較重要的部分，這是一個較新的現象。羅伯森在此意指個別現象呈現在全世界的可能性愈來愈多於呈現在其中某地區或國家部門的可能性。不但大眾傳播媒體和消費偏好這類表面上的文化現象能較直接認知到品味的全球化，而且我們還會從全球觀點對所有議題進行文化性的重新界定或相對化。譬如，我們用「世界秩序」觀點重新界定軍事－政治議題，或用「國際性的不景氣」觀點重新界定經濟議題，或用「世界」產品（例如「世界車」）角度重新定義行銷議題，或用普世主義（ecumenism）觀點重新定義宗教議題，或用「人權」觀點重新界定公民權議題，

或以「拯救地球」觀點重新定義污染議題。

全球意識的提升伴隨物質互賴程度的增加，提升了世界將被再生產為一個單一體系的可能性，因此羅伯森宣稱，世界會變得愈來愈成為一體，不過他謹慎地不指稱世界會變得愈來愈整合。雖然它是個單一體系，但還是會有可能被衝突撕裂。至於這個單一體系未來會變成什麼模樣，學界也沒有共同的看法。

整體意識的出現是二十世紀的特色，全球化需要個體參照總體進行相對化，以及國家參照超國家進行相對化。因而它得在四個要素之間建立文化的、社會的以及現象學的連結（Robertson 1992: 25-31）：

1.　個體本身；
2.　國家社會；
3.　各社會組成的國際體系；以及
4.　對人（humanity）的一般觀念

這四個要素構成「全球場域」（global field），這是在分析全球化時必須考量的客體範圍。在全球化潮流中，這些要素之間開始產生下述現象學的連結與相對化：

◆ 個體本身(1)被界定為某個國家社會的國民(2)，與其他社會有所區別(3)，並且是人類的整體表徵(4)。

◆ 從自由與控制的觀點來看，一個國家社會(2)與其國民(1)之間維持著有問題的關係，國家社會將自身視為國家社群的一員(3)，並得參照普遍人權(4)提供公民權給其國民。

◆ 國際體系(3)仰賴各國家社會(2)交出主權，並設定個人行為(1)的標準，並為人類的願望(4)提供「現實的檢驗」。

◆ 人的觀念(4)是由個人權利(1)的角度來界定，其表現形式為國家社會(2)提供的公民權，而國家社會是透過國際社會體系(3)進行合法化與施行。

　　這些互動在四個參考點中產生持續的發展，意即：個人化（individualization），在全球化的重新界定下，將每個人視定為一完整整體，而不是任何在地群體的附屬部分；國際化（internationalization），即國與國之間的互賴和協定增加；社會化（societalization），即建立「現代

的」民族國家成為唯一可能的社會形式；以及人的普同化（humanization），即建立一種全球觀點——從人的可能性與權利角度觀之，人類不能被種族、階級或性別分化（Robertson 1992: 282-6）。這些因素的總合構成全球化的社會過程，而這些發展的進行獨立於個別社會的內在動力。的確，全球化有其自身「不可改變的」邏輯，將不可避免地影響這些內在動力。

　　羅伯森堅稱全球化過程不是新的現象，它在現代性與資本主義的興起之前早已存在，不過現代化傾向加速全球化發展，而此過程也在當代移向意識的層次。此外，歐洲文明乃是這波發展的起源與核心焦點，他以五個連續的階段勾勒全球化的路徑（1992: 58-60）：

I　　萌芽階段（歐洲，1400-1750）

- 基督教國家的解體與國家社群的出現
- 天主教（即普遍的）教會
- 關於人與個體的普遍性發展
- 第一批世界地圖
- 以太陽為中心的宇宙觀
- 西方的萬國日曆

- 全球探險
- 殖民主義

II　發軔階段（歐洲，1750-1875）

- 民族國家
- 國家之間的正式外交
- 公民權與護照
- 國際博覽會與通信協定
- 國際法律協定
- 首批非歐洲國家
- 首次出現國際主義與普遍主義的概念

III　起飛階段（1875-1925）

- 從四個全球化參照點的角度——即民族國家、個人、單一的國際社會與單一的人的（男性的）觀念——將世界概念化
- 國際通信、運動與文化連結
- 全球曆法
- 第一次世界大戰
- 大量國際遷移以及隨後而來的設限
- 更多非歐洲地區加入民族國家俱樂部

IV　爭霸階段（1925-69）

- 國際聯盟與聯合國
- 第二次世界大戰；冷戰
- 關於戰爭罪行以及犯罪違反人性的概念
- 原子彈帶來普遍性的核武威脅
- 第三世界的出現

V　不確定階段（1969-92）

- 太空探險
- 後物質主義價值與權利的論述
- 立基於性偏好、性別、民族和種族的世界社群
- 更複雜且易變的國際關係
- 重新認知全球環境問題
- 透過太空科技（衛星電視等）進行播送的全球大眾傳播媒體

　　羅伯森認為 1990 年代之所以不確定，是因為我們（地球上的住民）對於未來前進方向沒有自信，也不太信任未來的地球環境。

　　這些發展的進行獨立於個別社會的內在動力。的確，

全球化有其自身的邏輯，不可避免地會影響這些內在動力。羅伯森堅持，這個邏輯根植於十八世紀中期具有文化同質性的民族國家的出現：「國家社會作為制度化社會的形式此一觀念的擴散……是全球化在一百年前開始步入加速階段的核心」（1992: 58）。羅伯森並未闡明該邏輯，但可能的步驟是：民族國家是有邊界的社會體系；它們會彼此爭奪資源和市場，且不必然在物質上是自給自足的；它們因而跨越國界，投入兼具合作與衝突性質的經濟、軍事、政治（外交）和文化交換；不同的結果和跨國的模仿將隨後發生；國家將會試圖把國際關係系統化，以便確保其自身生存的條件。

　　全球化的反思性把當代的全球化及其早期徵候區分開來：「世界從只是成為『自在的』（in itself）狀態『移動』到成為『自為的』（for itself）的問題或可能性」（1992: 55）。雖然企業顧問和環境保護主義者的觀點不同，但其作出的決策卻都是「全球性思考」的產物，這意謂地球上的住民開始進行全球性思考，羅伯森採借紀登斯的措辭描述，也就是地球上的住民將它結構化為一個整體，把它當成「一個地方」（one place）來瞭解（Robertson and Garrett 1991: ix）。在此論點上，人們將世界概念化為一

個整體，所以他們會將之再生產爲一個單一的單元（unit），並不斷增加它被認知的可能性。

　　羅伯森的主張當中其實多所保留，譬如，他宣稱全球化不必然是件好事或壞事——它的倫理特性將得靠地球上的住民來貫徹。他也沒有說全球化的後果會讓世界更爲整合或和諧，而只是指稱它是個更加單一化的（unified）或更有系統的地方，他意指世界某處發生的事件將會影響遠處其他地方發生的事件，或者兩者之間會產生參照關係，不過這種相對化並不總是正向的。的確，世界作爲一個體系，可能會被一些衝突撕裂，這些衝突比起以往國家之間的紛爭更難處理，不過羅伯森說：首先，這個世界正歷經全球化加速，到達近幾完成的程度；其次，我們需要新的概念來分析此過程；第三，該過程具有文化和反思的基本特性；第四，全球化遵循其自身不可改變的邏輯。

　　不是所有理論家都接受羅伯森的觀點，認爲會阻礙全球化發展的文化分裂現已終結。譬如凱佛利斯（Kavolis 1988）就主張，這種觀點代表西方人對文化的特殊解釋，宗教被認爲是文化的附屬次群組。相反的，以回教爲例，文化被宗教包圍並附屬於宗教。因而，只要宗教決定了

道德－文化領域，並提供差別性的道德符號，我們便能指明限制個人行動的各個分隔的文明結構。對凱佛利斯來說，世界文化至少被區分爲七個不能用同一標準計量的文明體系：基督教、中國（儒教－道教－佛教）、回教、印度教、日本（神道教－佛教－儒教）、拉丁美洲統合地區（syncretist）以及非回教非洲（Kavolis 1988: 210-12）。對凱佛利斯來說，羅伯森的全球化理論代表贊成人道普世主義（humanistic ecumenism）的一種去神聖化（de-sacralization）主張——凱佛利斯特別反對羅伯森使用「全球人類」（global humanity）一詞。針對這一點，羅伯森（1992:129-37）宣稱他並未拒絕個別宗教的特殊性，而是堅持其相對性。全球化讓它們的差異性得以鮮明的呈現，並迫使其回應其他宗教的主張。

反思性與時空延伸

假如全球化是當代社會變遷中的顯著類型，那麼同時會有好幾位社會學家想到這個觀念，這種情況是可以理解的。同爲全球化概念的倡始者紀登斯（Anthony Giddens）[1]是羅伯森的主要對手。

　　紀登斯在評論馬克思主義理論時首次提及全球體系出現的議題，他不認為資本主義的發展單獨決定了人類社會的現代歷史，主張民族國家的發展及其對他國發動戰爭的能力也具有決定作用（1981；1985）。民族國家已變成普遍的政治單位，使世界成為由各國政府代表國家社會在全球國際關係體系中組成的網絡。對紀登斯和羅伯森來說，民族國家的興起和國際關係體系的發展擁有同樣的範圍，兩者相互依恃，不能分離。

　　紀登斯以三組說法解釋民族國家的普遍化（1985：255-7）。首先，那些「想像的社群」，即十九世紀的歐洲民族國家（特別是英國、法國、德國和義大利）能夠成功地結合工業生產與軍事行動，這種戰爭工業化使其得以成功地征服部落社會，並將之殖民、瓜分和建立專制帝國。其次，他們的理性科層特質使其能特別有效的管理各項資源，為國家的發展效勞，並透過外交網絡和跨國政治機構管理他與其他民族國家之間的關係。第三是一組歷史的偶然性（contingencies），其中最重要的是十九世紀的長期和平，讓歐洲國家得以將經濟資源集中於工業化和殖民化；第二個偶然性是二十世紀發生的兩次世界大戰造成國際關係動搖，迫使一個合併超級強權與

國際安保體系的國際軍事秩序反思的建立。不過紀登斯堅持，國際組織在二十世紀的急遽發展並不意含民族國家主權的喪失，而是主權的安全化和制度化。國際關係的反思體系確認個別民族國家在領土和種族上的完整。它確實提供一個安全的環境，讓新的國家，即便是弱小的新國家也能出現，並獲致相當程度的興盛。

紀登斯在隨後的作品中將全球化進程與現代社會的發展連結在一起。一個現代社會，意即一個後封建的歐洲社會或其任一較晚近的複製品，都擁有四種制度特質或「組織叢集」（organisational clusters）（1990: 55-63; 1991: 15）。前兩種大致具有經濟性格。首先，現代性包括一個商品生產的資本主義體系，涉及私人資本的持有者與出賣勞力換取工資的非持有者之間的社會關係，各企業在市場上爭奪資本、勞力、原料、零件和成品。其次，現代性意含工業主義——人類更加努力地透過機械媒介應用無生命的力量。這種技術的規模意指一種集體的生產過程，在此過程中，許多個體為了追求物質資源的累積而會彼此協調各種活動。

不過，如同我們所見，紀登斯傳達的主要訊息是：現代社會不該完全由其經濟基礎來界定，而應從它是個

民族國家的這項事實來界定。十九世紀歐洲民族國家的
特徵是行政能力，他有能力針對特定領土內的人民進行
協調性的控制，並發展傅柯式的（Foucauldian）社會監
視技術來執行這項動作。監視有兩種變體：蒐集有關個
人（抽象的和符碼的）資訊的能力，以及建立各種層級
的監視系統用以監看人民。現代民族國家的第二個特徵
是：在工業化的軍事秩序當中，對暴力手段進行集中控
制。

　　資本主義民族國家由於具體表現了這四個特色的極
致發展，故而是個卓越的現代社會。這項發展是由特定
的動態過程所驅動。用麥克魯漢式的說法來陳述，基本
過程是指時間自空間分離或延伸（distanciation）出來
（Giddens 1990: 17-21; 1991: 16-17）。在前現代的脈絡
中，時間與空間基本上都與個人所處的位置連結在一起，
當地的白晝與季節的週期決定了日常生活的時間節奏。
同樣的，空間也侷限在吾人所能直接察覺的範圍內，並
且是以自己和自宅的位置關係來衡量，即便在旅行中也
是如此。十八世紀機械鐘的發明與普及，導致了時間的
普遍化，使時間不再隸屬於各個特定地點，進而組成全
球時區系統。同樣的，空間如同全球地圖所呈現的那般，

成為一個普遍的社會向度，其實體獨立於任何個別的社會地點。時空的解放是一項全然的現代化發展，因為它允許人類活動的穩定組織得以跨越廣大的時空距離，而這正是全球化的必要條件。

時空延伸也是現代化進程的必要條件，紀登斯稱之為去鑲嵌（disembedding）：「將社會關係從在地的互動脈絡中崛起，並在時空中加以重構」（1990: 21）。他指出兩種去鑲嵌機制：象徵標誌（symbolic tokens）（參考麥克魯漢）和專家體系（expert systems）。象徵標誌係指貨幣這類普遍性的交換媒介，紀登斯對此媒介作過很多分析。貨幣可以在不同脈絡間轉換價值，因此能跨越廣袤的時空，讓社會關係成為可能。專家體系是由那些分佈在大範圍現實脈絡中的技術知識寶庫所組成，該體系對所有這些脈絡能夠期望的內容提供保證。而每一個去鑲嵌機制都包含一種信任態度，也就是說，人們信任不在場的他人生產的貨幣價值與專門技術的精確性。現代性因而同時需要高度的信任與高度的風險。

現代人相信不具人格的貨幣和專門技術的流通能導引他們的社會和生活，這項事實並不意謂他們會讓這種發展在不受監督的情況下進行。由於意識到風險，所以

他們會持續地監看，找尋有關貨幣價值或專門技術效度
的資訊，並細加考量，現代社會因而特別具有反思性格。
資訊和分析的洪流不斷挹注到社會活動當中，使社會活
動能持續地修正、建構和再生產。在現代社會中，甚至
是在親戚關係或兒童養育這類傳統脈絡中，「知道做些什
麼」的知識幾乎總是透過書本、電視節目或專家諮商等
管道取得，而不是仰仗習慣、模仿或長輩的威權指導。
現代人碰到的特殊困難是這種知識本身持續地變動，致
使現代社會中的生活似乎無法控制，就如同紀登斯所說
的上了一輛疾馳的長程大卡車。紀登斯甚至主張，社會
學在這種對社會關係的反省上佔有重要地位，結果：「現
代性本身是個深刻的且本質上是個社會學問題」（1990:
43）。❶只要這個陳述說對了一半，社會學門的成員也許
就會對社會學的未來更具信心；但是把「社會學問題」
換成「經濟學問題」，就比較沒有爭議。

　　讀者現在可能覺得詫異，本書是否在介紹「現代化」
而非「全球化」。之所以要廣泛的處理紀登斯的現代化理

---

❶ 譯註：作者將本句出處誤植為《現代性與自我認同》（Modernity and
Self-Identity）（1991）第 43 頁，經譯者查證，本句應出自於紀登斯
《現代性的後果》（The Consequences of Modernity）（1990）一書，
特此更正。

論，是因為他將全球化視為現代化的直接後果，這種看法迥異於羅伯森。現代化的三股主要動力都內含使社會關係更具包容性的普遍化趨勢，它們使全球關係網路成為可能（例如國際關係體系或現代的資本主義世界體系），但是對紀登斯而言，它們在擴張社會關係的時空距離上更具重要性。時空延伸、去鑲嵌和反思性意謂複雜的關係在不同的在地活動之間，以及遠距之間的互動中開展。例如，澳洲剪羊毛業者的就業保障可能受到許多事情的影響，包括日本的時尚潮流、關稅暨貿易總協定的「烏拉圭」回合談判以及合成纖維的成本，而合成纖維的成本又受到油價的影響，油價又會受到美國進軍波斯灣的衝擊，至於澳洲政府接受市場化與民營化這般全球主流觀念的程度，也會對業者產生影響。

> 全球化因此可被界定為連結遠處各地的世界性社會關係的增強，而其方式是在地事件被遠處發生的事件所形塑，反之亦然。這是一個辯證的過程，因為這類在地事件會影響其他在地事件，而此過程中形成的延伸關係又會回過來形塑它們。在地的轉變和社會連結的跨時空擴張同樣都是全球化的一部分。　　　　　（Giddens 1990:64）

　　紀登斯堅持在地的轉變是全球化進程的一部分，這個觀點有助於解釋 1980 和 1990 年代出現在加泰隆尼亞（Catalonia）、波士尼亞－赫塞哥維納（Bosnia-Hercegovina）或坦米爾埃蘭（Tamil Elam）（在斯里蘭卡）等地的民族主義不是反全球化的發展，而是民族自決、民主化與管理理性化制度全球擴展的結果。

　　紀登斯現在可以開始從現代性的四個面向（資本主義、監控、軍事秩序與工業主義）來探究全球化接掌世界的例行方向（1990:70-8）。首先，用華勒斯坦的術語來說，世界經濟逐漸組成一個資本主義世界體系。跨國公司支配著世界經濟，其運作獨立於政治安排且能對其遂行經濟支配。這些公司設定了全球連結和交換體系，逐漸將全球構築成商品、勞工和資本的單一市場。和紀登斯或華勒斯坦一樣，我們不再需要對國家社會主義經濟的續存作解釋，它們在蘇俄與東歐已然崩解，而中國大陸也正朝著資本主義的方向轉變。

　　民族國家體系裡的監控過程也正朝全球方向擴展。我們已經考慮過這個論點：透過相互的和反思的主權認知來提升國家主權。國際組織確定了主權，並讓前殖民地併入民族國家體系當中。跳脫出紀登斯的論述，我們

可以說各國在國際組織、資訊和專門技術上的合作使國家監控人民的能力增加，甚至介入對他國人民的監控。

聯盟體系是世界軍事秩序發展的關鍵。紀登斯指出，一個真正具有世界規模的兩極超級強權聯盟體系現已被「世界新秩序」汰換，後者指的是以美國軍力為主的單一核心聯盟體系，現在更把聯合國的維護和平行動併入。戰爭本身經由兩次「世界大戰」和全球「冷戰」（避開兩強之間的相互保證摧毀）也被全球化，這種情勢主導了二十世紀後半葉大部分時間的軍事思想。由於世界大戰已變得如此的全球化，所以當今局勢中很難發生世界大戰，有的只是一些地區性或邊陲性的衝突，特別是對抗各全球聯盟的衝突較有機會發生。

工業主義的全球化必須把地方工業併入國際分工當中，先前各別的和完整的工業經濟體之間逐漸增加原料、零件和商品的貿易。這項發展包括機械和其他工業技術、以及集體的但卻理性化的生產系統的擴散。世界的工業化已侵蝕西方的經濟支配，但也在其他兩個領域產生顯著的後果。首先，工業主義被反思地認為有害地球整體的生態。其次，工業化已超越商品生產而含括服務與資訊。文化的工業化經由眾所週知的大眾傳播媒體帶來文

化的全球化，特別是其以消費爲中心的那些部分。說來奇怪，雖然文化全球化是紀登斯最近思想的主題，但卻未獲得廣泛注意，儘管如此，他還是將文化全球化描述爲：「全球化的基本面向，存在於曾經提及的不同制度面向的背後」（1990: 77）。如果文化全球化是該過程的重要主軸，那麼它就值得更受重視。

紀登斯最近的想法雖然未獲廣泛注意，但已表現出全球化是一個多因的和多成分的過程，並充滿偶然性與不確定性。全球化似乎是不能改變的，但由於推動世界搭上現代化這部長程大卡車的必要性包含在這四個相對隔離的領域中，故其結果是無法預測的，因而全球化：「是一個不規則的發展過程，一邊協調卻一邊分裂」（Giddens 1990: 175）

勞許和優瑞（Lash and Urry）對時空延伸與反思性概念（1994）的應用雖然受到紀登斯的影響，但他們對於民族國家的推斷顯然不同。勞許和優瑞的分析起始於早期一本有關「組織型的資本主義」（organized capitalism）解體的書籍（1987）。在（二十世紀）組織型的資本主義底下，金融、商品、生產工具和勞工的流動被大型企業和國家緊密地安置在時空當中。解組的資本主義

需要在國際領域內擴張這些流動，並增加其擴張速度（參考第四章）。這種速度以及時間的縮減對文化產生侵害，使其變成後現代化文化，而其焦點則擺在立即的消費和勞動的彈性運用上。然而在後現代世界中，客體（objects）不是唯一變成高速流動的項目，個人或主體（subjects）也能透過移民、工具性的旅行和觀光而快速流動。當客體變得更為流動，它們會逐漸去物質化，並且被生產為符號（「記號」）。

記號（sign）可能有兩類：認知的記號與美學的記號，前者是代表資訊的符號，後者是代表消費的符號。它們的擴散依次提升了兩種反思性。首先，這種擴散促進了他們所稱的「反思性積累」模式，對生產和專門技術進行個人化的自我監視，而質疑權威和專家技術的趨勢則隨之增加和廣布。其次，這種擴散促進了美學的或表現的反思性，其中個人在自我表達時會持續地參照一組由漸增的流動符號所賦予的規範性的可能意義──人們監看自身的形象，並有計畫地改變這些形象。

勞許和優瑞主張，當代的全球秩序因而是：「一個充滿各種流動的結構，也就是一組在空間上去中心的記號經濟」。只要這些流動的符號損害了民族國家社會，我

們便能指認出一個全球化過程，這包括（1994: 280-1）：

◆ 跨國實踐的發展（參考第二章對羅哲瑙的討
論）；

◆ 在地化據點，也就是發起跨國實踐的「全球城
市」的發展（參考 King 1990b）；

◆ 國家政策工具的效能降低（參考第五章）；

◆ 國與國之間的連結數量增加（參考第五章）；

◆ 全球科層體制的初步發展（參考第五章）；

◆ 新的社會－空間政治實體的出現（參考第五、
六章針對種族的民族主義所作的討論）；

◆ 國家主權全面式微。[2]

後現代性與時空壓縮

當今的學界對一般社會變遷的興趣高漲，紀登斯之
所以知名，是因為他主張現今的各種變遷構成了現代性
的連續而非斷裂。雖然像李歐塔（Lyotard 1984）這些後
現代學者指出：本質主義的大敘述（foundationalist meta-
narratives）先前曾試圖全面性的回答人類存在的問題，

而當今的不確定性是其崩解的結果。紀登斯認爲這種看法毫無新意，他認爲現代性總是會創造不確定性，而且當現代性這部長程大卡車加速，各個知識體系就愈來愈沒有能力告訴人們該怎麼做。紀登斯認爲當代具有高度或基進化的（radicalized）現代性，全球規模的共同行動在此逐漸成爲可能，雖然這是與分散的和在地化的過程連結在一起。後現代對他來說是一個烏托邦狀態，在此狀態中的人類已解決現代性的四個組織叢集問題。後現代社會將會結合：一個後匱乏的經濟（post-scarcity economy）；多層次的政治參與，尤其是地方層次；人性化的科技；以及全球軍備廢除（Giddens 1990: 164）。庫克等人（Crook *et al.* 1992）的觀點與紀登斯對立，認爲現代性的慣性阻力（inertial drag）事實上抵擋不住後現代化過程中出現這些叢集的許多面向，雖然這不是未來導向、有意圖的烏托邦產生的結果，但卻是現代性本身的辯證產生的結果。

連結後現代與全球化的議題是許多理論思考的來源，最知名者當屬承繼自亞布得里（Appadurai 1990）的學者司馬特（Smart 1993: 127-53），不過建立連結的關鍵人物卻是地理學家哈維（Harvey 1989），他透過類似紀

登斯用過的時空概念來建立此一連結。雖然空間議題在此更爲根本，但是哈維就像紀登斯一樣，從分析前現代的時空概念開始（1989: 239-59）。在封建的脈絡中，人們是從相對自主性社區的角度來看待空間，這個社區涉及一種經濟的、政治的與宗教的權利和義務的融合型態。同樣的，時間組織也是由社區的節奏所決定。社區之外的空間僅被模糊的察覺，而時間更是如此。這種時空的在地化概念只有在文藝復興時期被重構，當時歐洲人的航海大發現證實了空間的限制，以及行星與宇宙的不連續性，因而時間才得以被描繪、透視並加以客觀化。機械鐘同樣的將時間重建爲一個線性且普遍的過程。

　　哈維的分析在此處不同於紀登斯：紀登斯提到時間與空間的分化，但哈維更具說服力地說明時空概念的具體化與普遍化讓時間得以消滅空間，他把這個過程稱爲時空壓縮（time-space compression）。在時空壓縮的進程中，時間可以用降低空間限制的方式加以重組，反之亦然。時空壓縮包含了時間的縮短和空間的「收縮」──辦事的時間逐漸地減少，而這會依序地降低不同空間點之間的經驗距離。我們或許能主張，如果東京的人們可以同時和赫爾辛基的人們經歷相同的事情，例如商業交

易或媒體事件，那麼這些人事實上是同處一個地方，時間的壓縮已消滅了空間。哈維（1989:241）用四張不同時代的世界地圖說明該過程——拜運輸速度增加之賜，每一張地圖的尺寸都小於前一時期。1960 年代的世界大小約為十六世紀的 1/50，因為噴射機的航速是帆船的五十倍。

　　時空壓縮的過程不是漸進和連續的，而是在世界快速變遷與不確定性增加時突然而強烈的爆發出來。哈維用馬克思式的分析方式，將這些爆發歸因於資本主義體系中的過度積累危機。其中有一個爆發出現在十九世紀後半葉，與現代主義（modernism）這項文化運動有關（Harvey 1989: 260-283），這項危機發生於 1847-8 年因過度投機鐵路建設事業（此舉乃嘗試控制空間）而導致信用崩解，最後是由一群泛歐金融資本家設立統一的歐洲資本和信貸市場所解決。當資本更為快速地流經這種重組的體系，時間因而被壓縮，這提供進一步利用鐵路、運河、船運、油管和電訊等投資來征服空間的立足點。在二十世紀之交，隨著地面運輸工具（腳踏車與汽車）、航空器（飛船、飛機）與通信（無線電、收音機、電視、大量印刷、照相術、電影）的發明，空間進一步收縮，

歐洲在地表建立殖民霸權。亨利福特（Henry Ford）將
生產空間重組到生產線當中，藉此降低生產的時間（和
成本），讓空間得以在大量生產中更進一步的重組。工業
化的大量生產與快速的運輸助長 1914-18 年第一次全球
戰爭的發生，而領土空間在凡爾賽協定獲得重組。全球
金融資本與國際關係體系在 1920 年已然形成，而大量生
產已變成工業組織的主要型態。

　　哈維（1989: 159-72）認為，時空壓縮大約在 1970
年再度爆發。它起始於大量生產體系中過度積累的危機。
福特主義的大量生產相當成功，也展現高度效率，致使
工人開始被解雇，因而有效地降低產品的需求，但同時
間產量卻又快速擴張。在此情況下，消費市場過度飽和，
各個政府無力修正這種不均衡的現象，也無法兌現他們
承諾的福利計畫，唯一的作法是印更多的鈔票，但卻引
發不可控制的通貨膨脹浪潮。這項危機憾動了整個體系，
開始著手處置大量生產過程所需的僵硬性格——企業在
勞資雙方之間取得協調，並操縱消費市場使其接受標準
化產品。一個「彈性積累」（flexible accumulation）制度
因而出現，其中彈性的聘約工使用多樣技能和電腦化的
機械，把產品和快速變動的品味相互密合。這些最早期

且最深刻的影響有一部分可以在十九世紀的金融市場結構中察覺到。它們一方面經歷長時段國際連結的典型全球化趨勢，另一方面又經歷分散的全球化趨勢。世界上不再有操弄體系的金融資本家階級，這個體系是混亂的、連續的、流動的且規模龐大。而它也變得更爲強勢，使國家政府與跨國公司的行動從屬於市場的限制。譬如國家的財政政策藉由浮動的匯率而持續進行反思的查核，結果造成真正的全球化：

> 全球股票市場、全球商品（甚至是債務）期貨市場、貨幣與利率轉換的形成，再加上資金在地理上的加速流動，首次形成了一個貨幣與信貸供給的單一世界市場。
>
> 　　這種全球金融體系的結構現在變得相當複雜，已超出大多數人所能理解的範圍。在商品、股票、貨幣或債務期貨等新市場勃興的同時，銀行、經紀人、金融服務、房屋融資、消費信用等各種功能之間的界線逐漸相互滲透，以令人困惑的方式在現在預計未來。電腦化和電子通訊極力主張對金融流動進行即時的國際性協調具有其重要性。　　　　　　　　（Harvey 1989: 161）

　　彈性積累本身表現為一種時間壓縮的特殊形式。它主要是透過外包、「及時」存貨系統以及少量生產，達到降低周轉時間，並減少取得零件與寄發產品之間的時程。而消費類型也經歷類似的時間壓縮。假如品味是效用的唯一決定因素，那麼效用會是短暫的且是反覆無常。時尚決定了產品的需求，退了時尚的產品則被棄置一旁。透過大眾傳播媒體播放的影像是最具立即性格且能用後即丟的產品，它們在被消費的同時便已消失。只要影像沒有過去也沒有未來，人類經驗就會被壓縮在現在。

　　要不是哈維主張時間的壓縮消滅了空間（1989: 293-5），上述論點其實和全球化議題沒有直接關聯。近二十年的經驗顯示，「時間消滅空間的另一個激烈的回合總是出現在資本主義的核心動力心中」（1989: 293）。哈維在此提供有別於麥克魯漢地球村的另一種版本。他寫道：衛星技術已使各地的通訊成本沒有差別，國際貨運費率降低，衛星電視在全球傳送影像提供一種普遍的經驗，而觀光事業也直接促成此種經驗。空間的障礙已然崩解，使當今的世界變成單一場域，資本主義在該場域中運作，而資本流動對於各個特定空間位置的相對優勢越來越敏感。弔詭的是，當消費藉由全球性的品牌而變得普遍化

時，依恃成本優勢的製造卻變成在地化，譬如全球都可買到的 Levi 牛仔褲是在工資成本低廉的菲律賓製造，在歐洲販售的「大麥克」（Big Mac）漢堡裡裝的是連夜空運來的澳洲萵苣片。

哈維對時空重要性的說明優於紀登斯，因為紀登斯的「延伸」用語給人一種印象：時空正逐漸伸展出去。當然，這不是紀登斯的原意，事實上應該是說，社會關係正逐漸伸展至遠方。不過，即便有這樣的誤解，新的通訊技術正確保跨越全球的社會關係（比如親戚之間或同事之間的社會關係）變得更強烈且更濃郁，而不是更加伸展和稀薄。哈維提出社會關係的壓縮觀念，使空間距離變得不甚重要，這更貼近全球化趨勢的觀點。不過哈維的論點中讓人較不滿意的是他堅持以歷史，或以他自己的術語來說，是以歷史－地理唯物論（historical-geographical materialism）作為解釋邏輯。即便彈性積累的制度化已被證實獲致成功，但彈性積累與全球化之間的連結充其量只是微弱的。哈維從初期的及時存貨系統與契約化（contractualization）實務跳到全球資本流動和大眾傳播的影像，確定可能的是，即便是沒有積累危機的存在，即時的電子傳播仍會提供後者決定性的發展優勢。

風險與生態徵收

　　我們已經看到紀登斯將風險重組視為現代性動態的重要特徵。由於我們信任象徵標誌和不在場的專家，所以我們願意冒著超出個人或地區所能控制的價值崩解造成的信用風險。德國社會學家貝克（Beck 1992）[3]在研究當代社會變遷時，把風險擺在分析的核心位置。

　　貝克主張，從世界上經濟最進步的部門觀點來看，我們已經生活在一個後匱乏的社會中。當代社會已脫離過去把物質資源極大化的技術應用導向階段，也脫離了利用國家的福利系統從事公平分配這些物質所得的階段。在那樣的現代化階段中，人們已經準備承受醫療和生態帶來的副作用，這是物質福祉增加所不能避免的。但如今事情已然改變：

　　　一個雙重的過程正在各個西方福利國家當中發生。一方面，相較於二十世紀前半葉最低限度的物質生活，以及第三世界深受飢荒的威脅，個人努力維持「生計」所具有的急迫性已然失去，這不再是凌駕其他一切的基本問題。對許多人來

說，「肥胖」問題已取代了飢餓問題……與此對
應的是，有關財富來源被漸增的「危險副作用」
所「污染」的知識正在擴散中。

（Beck 1992:20）

這些副作用構成了風險，而這些風險的分配正變成
富裕社會的核心特質。風險的社會反思性是界定風險的
重要特質。新而特殊的風險本身並不危險，危險的是它
們被社會性建構的方式：「風險可以被界定為一種處理現
代化本身引發和帶來危險與不安全的系統性方法」（1992:
21）。我們變得越來越能意識到科學上和政治上的風險，
包括放射線、毒素與污染物對生物造成長期、不可逆且
看不見的傷害。

　　貝克主張，這些風險的性質不同於過往年代所經歷
的危險。首先，當今的風險是工業化造成的直接後果，
它們是隱含的且難以避免的，不是有意圖的冒險帶來的
產物。其次，我們現今經歷的風險是以毒素或放射線的
形式存在，無法用感官察覺。第三，風險不是來自於技
術或財富的短絀，而是來自於過度生產。的確，當工業
化的全球規模增強時，風險也隨之增加。第四，當代的
風險經驗具有科學上和政治上的反思性。社會意圖嘗試

降低風險，但卻無法處理：「現代化的威脅力量以及不確定性本身的全球化」（Beck 1992: 21）。第五，當代的各種風險未與其在地起源相連結，而是：「它們本質上就會危及地球上所有的生命形態」（1992: 22）。諸如核子意外和酸雨這類的生態的與「高科技」風險，它們在時間或空間中是沒有界線的，一旦出現就會持續和全面擴散。第六，高風險產業的全球化意謂對風險及其後果的科學計算已變成不可能。

　　風險具有兩項與全球化有關的特點。如上所述，貝克將現代化視爲主要的全球化力量，全球風險是全球工業化的產物。但由於風險本身具有全球性的本質，所以風險社會的出現會加速全球化進程。從這個影響的角度來看，貝克對於全球化的概念化頗有貢獻。風險之所以全球化，是因爲它普遍化和均等化（equalizes）。風險會影響社會中的每一個成員，不管其位置和階級地位爲何。此外，它也無視於國界的存在：

　　　　食物鏈實際上將地球上所有人連結在一起。它們
　　　　進入所有領土當中。空氣中的酸性含量不只一點
　　　　一點的侵蝕雕像和藝術寶藏，長久以來更逐漸穿
　　　　透了國界的限制，讓加拿大的湖泊酸化，也讓遠

在斯堪地納維亞北方的森林凋零。

（Beck 1992:36）

風險的反思性格結合它在空間上不受約束的特性，迫使意識朝向全球化方向發展。惟一可能解決風險的方法是尋求超國家管道：戰略武器削減會談、地球高峰會議、削減廢氣物排放或使用含氯氟烴的國際協定、以及核子武器擴散協定。

全球化體系中的風險分布會遵循貝克所稱的「回力棒曲線」（boomerang curve）模式，意指風險帶來的危險後果會回到生產這些風險的來源地，並反過來影響之。在現代化的早期階段中，風險即具有潛在的副作用，富裕且強大的國家可以將之隔離，但如今風險已經出沒於那些生產中心，尤以已工業化的農耕地區最為明顯，人工灌溉、肥料和殺蟲劑的使用實際上破壞了地力，並增加害蟲的免疫力。全球化理論的「普遍化－在地化」弔詭在此處表現得淋漓盡致：「在現代化風險的屋簷下，加害者早晚會變成受害者」（Beck 1992:38）。全球核戰是這種徵候群的最明顯表徵（雖然其影響程度正在降低中），因為所有人都是輸家。

　　然而，回力棒效應並不侷限於風險的生產區域，也會展延到社會貴重的事物上，包括貨幣、資產（property）和合法性等等。資產受到首當其衝的影響：每當特定地點出現諸如發電廠、機場或高速公路興建等威脅生態的改變，都會使資產價格下降，貝克稱之爲生態徵收（ecological expropriation）。生態徵收的全球化效應使得地球逐漸不適合人居：「每個人都在追求『焦土』（scorched Earth）政策以對抗他人──雖然成果顯著，但鮮能永續」（1992: 38）。同樣的，生態徵收也會摧毀農地、森林與海洋漁業的獲利能力，並損害企業和政府的合法性。

　　風險社會的出現在某個層次上降低了不平等，特別是它緩和了階級不平等，因爲它既不重視階級界限，也不會自尋煩惱地創造剝削的零合關係。然而，貝克指出一種矛盾：不利的階級會導致不利的風險，使貧窮和風險會相互吸引。這種相當新穎的陳述贊成在國際階級體系當中，低污染的工業會留在經濟進步的社會，而危險與高污染的工業則輸往第三世界：「在分配風險的轉轍場中，『低度開發地方』的轉轍站特別廣受歡迎。只有天真的傻瓜才會認爲這些負責的轉轍員不知道自己在做什麼」（1992: 41）。新興工業化國家願意接受風險，有效的

追求經濟獨立，不過他們的安全管制是微弱的且不具強制性，而人民也沒有足夠的知識去意識到他們承擔的風險，甚至連那些可以選擇是否投入風險行動的場合，比如徒手噴灑化學肥料或殺蟲劑，他們也都沒有足夠的判斷知識。跨國公司的經理人知道自己得儲備一筆資金，以便在災難萬一發生時能用來支付法律上的補償。

貝克說，人們無法抗拒回力棒效應和風險的蔓延：殺蟲劑和毒素會滲入進口食物內；硫磺排出物會造成酸雨；二氧化碳的排放會改變整個地球的氣候；而原子能發電廠可能熔解，導致放射能外洩，或者原子能製品可能被用來生產核子武器。回力棒效應將窮國與富國置於同一地區。貝克對全球化陳述作出最清楚的斷言：「風險的增加導致全球社會締結成為一個危險社區」（1992: 44）。

全球化的觀點

綜合觀之，上述主張代表過去五到十年間出現了一門新的全球化社會學。它的觀點簡述如下：

1. 全球化至少與現代化同屬一個時代，從十六世紀以降一直持續進行，它涉及經濟系統化、國際關係以及全球文化或全球意識的進行。此一進程與時加速，現正值其快速發展階段。

2. 全球化涉及建立所有個別社會相互連結的系統性關係。在一個已然全球化的脈絡中，沒有特定的關係或一組關係可以保持孤立或存在涇渭分明的界線，各個關係都會彼此連結，並系統性地相互影響。這種說法特別適用於領土觀念（也就是說，地理界線在面對全球化時特別難以持續）。全球化增加了人類社會的包含性與單一性。

3. 全球化涉及一門收縮的現象學。雖然評論者經常提及地球的收縮或距離的消滅，但這是現象學上而非字面上的真義，意即，世界看來好像是收縮了，但是（非常明顯地）實質上並非如此。此種特別的現象學記錄著時間和空間改變了世界的數量面貌。由於空間傾向由時間來測量，[4] 往返不同地理區之間的時間縮減也讓空間似乎更爲收縮。只要連結遠距的兩個據點成爲

可能，空間將會完全「消失」。[5] 時間位置的消失則是更爲晚近的現象，譬如，倘使一對韓國夫妻在家中可以看到美軍 FA-18 駕駛員在中東戰爭中轟炸化學工廠，他們的時間架構便被同步化。全球化意含空間在現象學上的排除以及時間的一般化。

4. 全球化的現象學具有反思性。地球住民自覺地適應整體世界——公司拓展全球市場，反文化的行動輪廓從「替代社區」（alternative community）轉移到「社會運動」，而政府則從人權的觀點嘗試讓人們保持公正，並致力於以軍事協助維繫世界秩序。

5. 全球化涉及普遍主義和特殊主義的崩解。在全球化尚未加速的較早期階段中存在一項特徵：在應用普遍和理性標準的領域，以及應用關係的特殊性和個人特質的其他領域之間出現分化。社會學對生活機會與生活型態、法理社會與禮俗社會、公共領域與私人領域、工作與家庭、以及系統和生活世界所作的區分即顯示了這種分化。這種區分主要是由時空中的界線來

完成，但由於全球化消滅了時間與空間，使這
項區分不再適用。任何關係中的個人同時都是
人類的成員與個體──他們可以同時是「我是
我自己」以及「我擁有權利」。

6. 全球化同時擁有風險和信任兩副臉孔。在過往
的時代中，人們信任即時的、可知的、當下的
與物質的事物，超越該範圍者得承擔傷害或剝
削的風險。在全球化脈絡下，個人將信任擴展
到不認識的人、不具人格的力量與規範上（「市
場」或「人權」），也擴展到符號交換的型態上，
該型態似乎已非任何具體的個人或群體所能控
制。人們在這麼做的同時，將自己交付到同時
代的人類手中。所有參與者的信用承諾對每位
成員的福祉來說是必要的。信用恐慌（例如 1987
年十月「黑色星期一」股市崩盤）會引發全球
體系崩解的風險。

4 世界級的生產：經濟全球化

工人無祖國

Karl Marx

　　在較爲系統性的全球化理論出現之前，文章收錄於《世界歷史年代地圖》（Times Atlas of World History）一書的歷史學家（Barraclough 1978）已指出，在二十世紀中葉，歐洲的支配時期告終，世界進入「全球文明的年代」。有趣的是，貝瑞克勞夫（Barraclough）推斷這種發展是經濟性的，不是政治性甚至是文化性的。全球文明不是由美、蘇強權所界定，不是被眾所周知的人權和環境所教化的世界，甚至也不是被漢堡和大眾音樂去文明化的世界，而是歐洲經濟體（現爲歐盟）的形成、工業強權日本的興起、以及富國與窮國之間浮現的緊張對立等重要事件。然而，此一世界經濟的主要特徵在 1870-1914年間被「接合」，其中有三重要素（Barraclough 198: 256-7）。第一是交通與通訊網絡的發展，特別是鐵路、海運跟電報的發展將全球各地連結在一起。第二是貿易與其

伴隨而來的依賴模式，特別是在工業化程度較高的西歐和其他地區之間的依賴模式出現快速發展。第三是資本的大量流動，資本流動的主要形式是歐洲公司在非工業化地區進行直接投資。

　　故而馬克思在這個年代發展出資本主義全球化的早期理論並不難想像。資本家試圖超越國界，將運輸和通訊延伸到世界各地，無止盡地把市場擴張到全世界，並擅用各地的勞動力。資本主義無疑是經濟全球化的媒介，因為它具有的特殊制度——金融市場、商品、契約化的勞動、可轉換的資產——能促進遠距間的經濟交換。許多全球化理論據此承繼馬克思對於經濟基礎的強調。對這些作者來說，當資本主義擴張到全球，它也把相關的社會關係類型，也就是為人所知的階級加以國際化。對某些作者而言（例如 Frank 1971; Wallerstein 1974, 1980; 參考第二章），當核心國家的工人階級被「布爾喬亞化」（embourgeoised），以及第三世界的無產階級在邊陲國家發展時，國際階級體系在國與國之間的生存競爭中於焉成形，而其他作者（例如 Sklair 1990: 8）則把在世界各地有效運作的全球資本家階級加以具體化。

　　往後數段將指出全球經濟關係得以完成的各種方

式：貿易、投資、生產、金融交易、勞力移動、國際經
濟合作以及組織策略。這些方式將提供證據，說明有關
國際階級結構發展的宣稱能否得到支持。

世界貿易

　　貿易是經濟全球化的起源與持續的基礎。貿易能連
結不同地理區的生產者和消費者，建立兩者之間的認同
關係和彼此的互賴。以英國人對茶的愛好爲例，假使英
國人從未出口廉價的紡織品到南亞，這個潮溼的島國就
無法培養出對茶的愛好，縱使這些紡織品是和習慣法
（common law）、板球和鐵路一起銷往其殖民地市場。
儘管殖民主義崩解，但文化連帶仍然存續。同樣的，在
現今的環境當中，穿著 Armani 服飾或在 Hibachi 烤肉店
裡燒烤食物，都提供全球一個擁有共通生活型態的機會。
而且，正如在第二章論及政治科學的主張所指出的，貿
易手段建立的跨國關係可能損害，或者至少巧妙的避開
了國與國之間的關係。

　　大體上，自工業化以降，國與國進行商品與服務交
換的世界貿易已快速擴張，其中有項指標是：十九世紀

到二十世紀後半葉這段期間，貿易和生產的成長率皆呈
現正比，只有當二十世紀上半葉出現全球衝突和經濟蕭
條，該比例才轉趨負值，除了大蕭條❶之後的二十年以外，
全球貿易仍持續成長（Gordon 1988: 43）。貿易成長經歷
兩個主要階段：十九世紀中晚期，英國的軍事與經濟霸
權在殖民地設立保護市場，並在殖民地之外對製品採取
「自由貿易」；而第二次世界大戰後約三十年，成為經濟
和軍事強權的美國也有能力涉入此一較自由的貿易體
制，以保護其自製品得以成功輸出，而美國也將這些特
殊的貿易形式拓展到有「最惠國」之稱的友邦。

　　世界貿易從 1875 年開始大幅擴張，馬克思也注意到
這一點。在 1800-1913 年間，國際貿易佔世界產品比例
從 3%成長到 33%，它在 1870-1913 年間成長三倍
（Barraclough 1978: 256）。這種成長模式具有帝國主義
的性格，它需要把初級產品從非工業化世界（在這個世
紀大部分的時間裡，非工業化世界主要是由美洲、南非
和澳大利亞等開拓者的殖民地所組成，而不是由非洲和
亞洲等被征服的殖民地所組成，印度顯然是個例外）運

---

❶ 譯註：此乃 1929 年十月股市大崩盤之後，發生在美國及其他資
本主義國家的經濟危機，持續到 1930 年代。

送到歐洲，以交換歐洲製品。1914 年的世界貿易只有 11%
在初級產品生產國之間進行，但是工業化國家之間的貿
易成長就像「帝國主義的」貿易那樣快速。英國在十九
世紀中葉領先群倫，是最大的貿易國，但是歐洲國家和
美國在 1900 年之後正逐漸趕上（見圖 4.1）。[1] 然而，到
大蕭條發生的這段時期內，世界貿易仍由英、法、德、
美這四個民族國家來支配和組織。

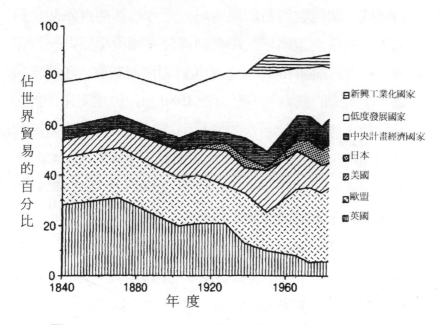

圖 4.1　　1840-1983 年間的世界貿易地理分佈圖

資料來源：Gordon 1988：46-7

　　保護主義在兩次大戰期間頗受青睞，各國政府為恢復受創的經濟，施行削減進口和補助出口的措施。不過，美國在第二次世界大戰之後成為政治、軍事和經濟霸權，有機會建立一個合乎自身利益的貿易體系，只要其他的工業化世界泰半被戰爭破壞或耗損，美國就能取利用一個自由化的貿易體制，關稅暨貿易總協定（GATT）即為其中的主要機制，這是一個由 23 個國家在 1947 年成立的組織。關稅暨貿易總協定成立至今已涵括百餘個會員國，它的兩面策略是鼓勵會員國僅在關稅項目上進行保護（相對於配額和補貼），然後針對削減關稅一題尋求共識。在美國的鼓勵下，至少到 1980 年這段期間運作得相當成功，經歷過七回合的關稅削減。美國對工業產品課徵的關稅稅率從 1934 年平均 60%降至 1987 年的 4.3%，此時日本的工業關稅稅率平均是 2.9%，歐盟則是 4.7%（Walters and Blake 1992: 16）。

　　在 1948-1966 年間，世界貿易每年成長 6.6%，而在 1966-1973 年間每年成長 9.2%。這段期間主要的地理變化是英國佔世界貿易的比重相對下降，歐洲經濟共同體（現在是歐盟）的貿易效能增加，而日本也逐漸成為貿易強權。總的來說，在 1950 年代之後，低度發展國家和

新興工業化國家佔世界貿易的比重增加，穩定的維持在
25-30%的水平，這大體上已增加全球經濟互賴的程度。

　　社會科學家習慣用不均衡的依賴觀點來詮釋全球貿
易關係，華勒斯坦（1974, 1980）的主張即爲最有力的論
據之一。然而在戰後這段期間，世界貿易集中於歐、美
的程度下降，以及貿易成爲大多數國家國民生產毛額增
加的主因，致使依賴關係朝更均衡的方向發展。譬如，
製成品的貿易率戲劇性地增加，而這類貿易大多數發生
在工業化國家之間，從工業化國家到其他工業化國家的
製品輸出率已從 1935 年的 30%增加到 1983 年的 64%
（Gordon 1988: 47）。

　　許多計算指出，世界貿易的加速比率在 1970 和 1980
年代減緩，美國不再仰賴製造優勢對抗日本和歐洲的擴
張，並轉向保護貿易主義。的確，美國已遭遇到日本和
歐洲採行的新重商主義，這種以非關稅貿易障礙以及生
產和出口補貼形式呈現的新重商主義類似於美國自身採
取的措施。在 1980 年代這段期間，世界貿易已被組織成
一群相互競爭的貿易集團（例如東南亞國協、歐盟、北
美自由貿易區），試圖移除會員國之間的貿易障礙，但對
於非會員國則採取貿易保護。所以主題擺在農業、服務

和非關稅障礙的關貿總協「烏拉圭回合」談判（1986-
1994），是所有貿易談判中為期最長且最困難者。雖然貿
易的成長速度緩慢，但仍在持續成長。

　　新重商主義模式可能暗示貿易領域中的全球化進展
緩慢，不過，人們得記得全球化觀點並非意含全球衝突
不會產生。譬如，北美自由貿易區的形成和擴張可以被
視為全球化策略，因為它是有意識地在競爭漸劇的全球
領域中維護經濟安全。全球化觀點指出，為了安全起見，
即便像是美國那麼強而有力的經濟體，也不再能依賴其
國內市場。

　　世界貿易的擴張也會影響那些服務大眾消費市場的
公司。的確，企業經營者長期被告知：「全球化的市場即
將到來」（Levitt 1983: 92）。就像現代性的其他諸多面向
一樣，這種擴張也具有反思性。以美國速食業者麥當勞
為例，它在美國本土市場遭逢龐大競爭，縱使擁有 90,000
個銷售據點，但其一年的擴張速度不到 5%，全球化是
其增加獲利的唯一機會。麥當勞每年新開張的銷售據點
有 2/3 位在美國境外，而在它開設的所有餐廳中，現在
有 2/3 坐落於美國境外。麥當勞也致力於將其管理文化
轉移到區域中心，譬如轉移到香港以便拓展到中國（*The*

Economist 13/11/93: 69-70）。

國際分工

　　世界貿易意指各社會之間的分工。有關分工的古典
論述是將分工視爲社會內部的過程，在社會和技術兩個
面向上運作。社會分工關心工作或職業的專門化程度，
以及職業中各項工作的專門化程度。二十世紀的社會科
學發現，在殖民主義和帝國主義製造出來的國際社會分
工當中，核心或都會社會從事資本密集和高附加價值的
生產，邊陲社會則從事勞力密集與低附加價值的生產。
這種分工會產生支配關係和相互依賴，並進行自我再生
產。因此，人們對全球化世界的慣常想法是斷裂式的二
元分工，像是已開發／低度開發、現代／傳統、已工業
化／工業化中、發展程度較高／發展程度較低、第一世
界／第三世界、南／北或者富／貧。

　　上述幾段討論到的貿易與投資型態是這種分工的來
源。在二十世紀中葉之前，貿易與投資型態已使窮國和
富國的差距不斷加大，1800 年富國與窮國的每人收入比
值約爲 2:1，1945 年是 20:1，1975 年則是 40:1。1975 年

美國每人的國內生產毛額是 6,500 美元，但全球卻有 17
個國家總共 2 億人口每人每年的國內生產毛額不到 100
美元。與貧窮同時發生的現象包括病態的讀寫率、平均
餘命、嬰兒死亡率、營養、發病率和人口成長（Barraclough
1978: 294）。

　　不過，最近出現三種全球化效應已改變這種明確的
分工：某些低度發展國家非常快速的發展成為新興工業
化國家；新形態的多國籍企業（MNE）將生產工作分散
到全球各地（見下一段），其中一部分是把某些製造生產
類型重新安置到低度發展國家；而某些低度發展國家則
設法組成企業卡特爾，以改善初級生產帶來的收益。總
的來看，這些效應指出全球分工現在同時在技術和社會
層次上進行，所以我們依次來檢討各項發展。

　　美國霸權在 1950 年以後提供自由貿易的環境，讓特
定的低度發展國家得以利用新重商主義政策，改變他們
在國際分工中的位置。當拉丁美洲的新興工業化國家（巴
西、智利和墨西哥）採用進口替代政策時，亞洲的新興
工業化國家（香港、新加坡、南韓、台灣、新近的馬來
西亞和泰國）已普遍使用出口導向措施，實施對投資者
的租稅獎勵、零件和資本財的免稅進口、抑制工資以及

壓低幣值等特定政策（Walters and Blake 1992: 190）。亞
洲數小龍的發展相當快速，他們在財富和每人的國內生
產毛額等一般指標上已趕上許多已開發市場經濟體
（developed market economics）。此外，他們除了生產傳
統的勞力密集產品（如衣服），也能製造精密的且經常是
技術領先的消費品和零件。

　　下一段結尾在介紹多國籍企業時，我們會提及公司
之間出現新的聯盟形式。透過分包、生產授權、共同投
資、部分合併以及公司之間的協定等手法，這些聯盟形
式在 1980 年代的擴張頗為可觀（OECD 1992: 13-14）。
雖然這類協定大多出現在工業社會中的廠商之間，但許
多證據顯示，製造業的某些部門會設立在海外的低度發
展國家內，以利用當地較低的薪資和租稅，以及較自由
的勞保和環保制度。經濟合作暨開發組織（1992）的文
件指出四個使用該方式進行全球化的產業：

◆ 汽車零件：汽車零件的國際貿易在二十年間已
　　增長三倍，這標示汽車產業的「組件化」（com-
　　ponentization）。主要特色是日本的擴張及其對
　　美國產業的投資。非經濟合作暨開發組織（非

已開發市場經濟體）的國家將在西元 2000 年佔
全球生產的 16%，而韓國會是主角。

◆ 化學製品：全球化程度低於其他產業，由歐盟
和美國主導。非經濟合作暨開發組織的國家生
產 25%的化學製品，大約是跨國公司生產量的
1/4。

◆ 建築業：基本上是一個在地的國內產業，歐盟
主導的比重增加，目前已過半，而美國分攤的
比重則降至約 25%。韓國是非經濟合作暨開發
組織的唯一重要貢獻國。

◆ 半導體（記憶晶片、微處理器）：此乃高度多樣
化的產品，十家跨國公司生產總產量的九成，
美國的生產比重已從 1978 年的 60%降至 1988
年的 34%，但日本所佔比重已從 24%增至 40%。
同期間海外生產的比重從 7%增至 14%（OECD
1992: 143）。

弗婁貝爾等人（Fröbel *et al.* 1980）提供一組類似的
個案研究，由就業類型轉變的觀點切入。他們發現下列
發展：

◆ 德國的紡織和成衣業：海外聘雇的員工數在
1966-1975 年間成長兩倍，但德國國內聘雇的員
工數僅成長 1/4，這是國外分公司和分包增加的
結果。

◆ 德國的製造業：在海外雇用 150 萬名工人，主
要是由低薪公司所雇用，這相當於德國國內勞
動力的 20%。1961-1976 年間國外子公司的數量
增加四倍。

◆ 新興工業化國家的自由製造區：這些製造區（提
供廉價勞力、低租稅和低管制）在 1975 年有 79
個，區內以紡織業和電子產業為主。

這些發展的結果如圖 4.2 所示。其中主要的發展是
英國的產業優勢從十九世紀之後大幅衰退，而美國佔世
界生產的比重則在二十世紀增加，但在 1960 年以後短縮
到十九世紀的水平。在第二次世界大戰之後，面對日本、
中央計畫經濟國家（centrally planned economies）、低度
發展國家和新興工業化國家的擴張，美國在歐洲產業生
產所佔的比重呈現巨幅萎縮。這種轉變至少可以部分歸
因於 1974 年在聯合國貿易暨發展會議（UNCTAD）的

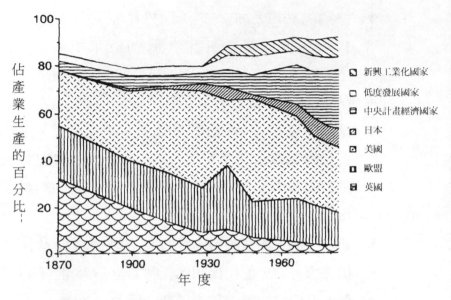

圖 4.2　1870-1983 年產業生產的全球分佈圖

資料來源：Gordon 1988：32

贊助下建立的新國際經濟秩序（NIEO），在此秩序中的
工業化國家會優先選擇來自低度發展國家的出口製品。
低度發展國家採行一套特殊的新重商主義策略，用以投
入初級生產，這是生產者卡特爾（cartels）的形成，目
標是限制生產，以維持或提高價格。其中最成功且堪稱
典範的實例是 1960 年形成的石油輸出國家組織
（OPEC），阻止了多國籍企業卡特爾「七姐妹」（seven

sisters）❷以買方寡占的方式降低石油價格。石油輸出國家組織在 1970 年代才真正較為活躍，這段時期的石油需求和供給集中度均暴增，致使石油價格在 1973 年第一次「石油危機」（oil shock）中劇增四倍。這次衝擊顯然是個全球經驗，工業化國家和低度發展國家受到同樣劇烈的影響。石油輸出國家組織秘書長 Sheikh Ahmed Zaki Yamani 成為全世界熟悉、尊敬卻也恐懼的一位人物。不過，當 1980 年代發現替代性的能源，加上對話措施奏效，石油輸出國家組織的影響力而因衰退。類似的卡特爾試圖控制銅、鐵樊土、錫、香蕉、咖啡、可可、橡膠、鐵礦、磷酸鹽和水銀等礦物或作物的供給和價格，但其中只有控制非鐵金屬的卡特爾最為成功。

　　大致說來，這些事件有兩種可能的解釋（Gordon 1988）。第一種解釋是經濟合作暨開發組織和同類組織主張生產確實正經歷全球化。從資本集中度和部門分布的角度來看，除了那些具有天然和地理優勢的地區以外，均衡生產會在任何一個完全全球化的生產體系地區中出現。弗婁貝爾等人提出的「新國際分工」（new international

---

❷ 譯註：即世界七大石油公司，分別是 BP, Exxon, Gulf, Mobil, Royal Dutch Shell, Standard Oil of California 和 Texaco。

division of labour）則是另一種主張：「商品生產正被分成數個片斷，分派給世界任何一個部分，提供資本與勞動最有利的結合」（1980: 14）。由於新國際分工具有技術性格，故其爲生產全球化的機制。它在許多已發發市場經濟體中造成高度的結構性失業，這可能是國際體系的階層化裡第一個均等化的證據。

到目前爲止，我們關注的是物質商品生產當中的分工，然而商品生產的去實體化（dematerialization）是當代的一項主要特徵（Lash and Urry 1994），特別是世界上經濟最發達的地區設法輸出貨品生產中勞力最密集的部分，這些地區正經歷兩種過程的極端效果。第一種過程是後工業化（post-industrialization）（Bell 1976），其中大半勞動力投入的對象是商品化服務的生產，而不是物質商品的生產。有一群工人因而構成貝爾所說的新而具有支配性的專業和技術階級，另一群工人則在不穩定的就業脈絡中成爲都市下層階級，生產卑微的服務。第二道過程是文化的過度商品化（hypercommodification）和文化工業化，也就是勞許和優瑞所稱的「用象徵物來交換金融」，或者可被稱爲「用貨幣來交換意義」。這項發展除了已經巨幅擴展之外，並沒有什麼新的發展。正如第

六章有關探討大眾傳播媒體的段落所指出的，大型組織目前在令人眼花撩亂的象徵意義拼貼中大量的擴散文化產品。

後工業化和文化工業化意指生產流動性更高且更容易交易的產品，而個體的流動有助於服務的輸出，譬如來自總公司的視察、國際會議、國外專家或外國學生。不過，服務也可以藉由電子傳輸來增加輸出，特別是在金融服務部門。當廣播技術愈來愈普及，藝術商品的輸出就能更為直接。一般說來，只要世界致力於生產這些非物質商品，全球化的程度將會加深，因為這些非物質商品具有很強的流動性。

多國籍企業

多國籍企業或跨國企業常引發人們對經濟全球化的期待和恐懼。對於資本主義的批評者而言，多國籍企業執行不人道且令人無法忍受的全球剝削策略；但對其支持者來說，多國籍企業是投資、技術移轉和勞動力升級的高尚來源。最近仍有人批評多國籍企業，認為它們成長得太過強大，損害了民族國家合法的且經常是建基於

民主的主權權威，但是在當今的國家去合法性（de-legitimation）脈絡中，這項爭辯變得二極化。

　　批評者傾向將多國籍企業理論化，而不是對其作出操作性定義，譬如史凱勒（1991）就沒有為跨國企業下定義。相較之下，對多國籍企業較為友善的唐寧（Dunning）將之界定為：「在二個或二個以上的國家進行國外直接投資，並組織貨品生產或服務的企業」（1993: 6）。不過，唐寧強調，該定義無法掌握跨國活動在其範圍和集中度上的變化程度，下列因素會影響多國籍公司的跨國投入：子公司的數量、國家的數目、國外活動佔總活動的比例、所有權和管理的國際化程度、集中管理和研究活動的國際化程度、以及駐在國的優劣勢。通用汽車可能是「惡劣的」多國籍企業的典型實例，但是它卻只有約 1/3 的資產和 1/3 的銷售額位在美國境外（且泰半集中在第一世界如加拿大、歐洲和澳大利亞），或許瑞士－瑞典工程集團（Swiss-Swedish engineering group）、Asea Brown Boveri 或荷蘭電子公司飛利浦才是「真正的」多國籍企業的適合實例，這些公司在母國境外的銷售額都超過 85%（資料取自 Emmott 1993: 6）。

　　我們現在可以思考多國籍企業在全球經濟中的一般

活動範圍。唐寧（1993: 14-15）估計，1988 年世界上約有 20,000 家多國籍公司，其國外資產爲 1.1 兆美元（相當於世界產品總值的 8%），總資產超過 4 兆美元。他們佔所有市場經濟體國內生產毛額的 25-30%，佔國際商品貿易的 75%，佔國際科技與管理技術交換的 80%。前三百大多國籍企業佔國外直接投資總額的 70%，佔世界資本的 25%（Dunning 1993: 15; Emmott 1993: 6）。就整體而言，國外直接投資在 1970-1990 年間增加四倍，但泰半發生於 1980 年代末期（Emmott 1993: 8）。超過九成的國外直接投資來自於十個已開發國家，而大約 2/3 的國外直接投資來自於美、英、日、德四國。不過，只要這些比例在過去二十年來已然下降，多國籍企業本身就逐漸變成國際化。

　　來自開發中社會、石油生產國和亞洲新興工業化國家的多國籍企業數量顯著增加，譬如亞洲佔國外直接投資的比重從 1973 年的 3.6%增加到 1988 年的 9.3%（Dunning 1993: 21）。國外直接投資投入到它們所該挹注的地方，的確「在大多數〔個別〕國家當中，輸出和輸入的國外資本利益（stake）之間似乎愈來愈對稱」（Dunning 1993: 24）。對於主張多國籍公司是特洛伊木

馬，遂行第一世界對第三世界施行經濟支配的那些批評
者來說，這種現象促使其再行思考原有的想法。

　　這些趨勢的聯合效應讓唐寧（1993: 40）確認一系列
他所描述的真正全球產業，這些產業由不同國籍的大企
業所支配，在世界各大經濟體內進行產銷。石油化學產
業最為顯著，其他產業的顯著性則依次遞減，包括汽車、
消費性電子、輪胎、藥品、煙草、清涼飲料、速食、財
務顧問以及豪華旅館。我們可以將新興的航空、電訊以
及銀行和保險業的多國聯盟（multinational alliances）（通
常包括低度的國外直接投資和高度的經營協調）加入清
單。

　　正如全球化的諸多構成要素一樣，多國籍企業歷經
長期的發展過程，最近處於加速階段，但在性質上卻未
出現突然的轉變。這項發展可以追溯至唐寧指出的數個
階段（Dunning 1993: 96-136; 也可參考 Gilpin 1987: 238-
45）：

◆　商業資本主義與殖民主義（1500-1800）：由國
　　家資助和特許的公司（例如荷屬東印度群島、
　　哈德遜灣、麻薩諸塞灣、莫斯科維以及 Van

Diemen's Land）剝削殖民地的天然資源與農業。

◆ 企業資本主義與金融資本主義（1800-75）：初步發展出以收購手段控制供應商和消費市場；金融公司對運輸業和建築業進行基礎投資。

◆ 國際資本主義（1875-1945）：以資源爲基礎和尋求市場的投資快速擴張；以美國爲基礎的國際卡特爾顯著成長。

◆ 多國資本主義（1945-60）：美國支配國外直接投資；擴張經濟帝國主義；擴大個別多國籍公司的規模。

◆ 全球資本主義（1960-90）：從以資源爲基礎和尋求市場的投資轉變成充分運用存在於全球空間中的生產和獲利機會；來自於歐洲和日本的國外直接投資增加；對歐洲前國家社會主義社會的投資增加；公司之間的聯盟與合資擴增；外包（outsourcing）的零件增加。

　　吉爾平指出，最後階段的進展程度代表一種全球化的轉型或加速：

這些發展預告了舊式多國籍企業經營法的終結，
當美國和其他少數已開發國家的企業可以自由的
在各地主國經濟體當中運作甚至進行支配，以及
當國外直接投資意謂擁有和控制自己擁有的子公
司時，舊式多國籍企業的全盛時期已成過往。取
而代之的是，各式各樣的交涉協定已安置在適當
的位置：不同國籍的企業彼此在技術上實施交換
授權、合資、正常銷售協定（orderly marketing
agreements）、備用貨源（secondary sourcing）、海
外零件生產以及交互持股。在已開發國家當中，
通用汽車與豐田汽車結盟無疑是未來企業型態的
預兆。而在開發中的世界裡，企業較不會把低度
發展國家視為順從的原料出口國，而將之視為擴
張中的地方市場和產業夥伴，甚至是潛在對手。
因而自由〔現代化〕和依賴理論家提出的那些較
簡單的模式在 1975 年之後逐漸過時。

（Gilpin 1987: 256）

關於這些可能或可能不需要直接投資的多國籍企業
新形態，我們的資料並不充足，但所有的觀察家似乎都
同意其發展遠較傳統的跨國公司來得快，原因在於跨國
公司的成本利益受到限制。在許多市場上生產大範圍產

品的多角化企業（complex companies）很難管理和服務，
所費成本也很高。基於此因，傳統的跨國公司傾向維持
地區性而非全球性的運作（Emmott 1993）。世界上出現
三大海外投資國均各自立基於鄰近性和過往的帝國歷
史，擁有自身專門化的投資區域：美國公司傾向投資拉
丁美洲和部分南亞地區；歐洲公司傾向投資非洲、巴西、
南亞和東歐；而日本公司則支配其於東亞和澳大拉西亞
的投資。❸

　　這種新形式的多國籍公司因而不是跨國公司，而是
一種「企業聯盟」（alliance），此乃公司之間的一種協定，
範圍包括權益交換、技術移轉、生產授權、零件製造和
裝配分工、市場佔有或「重新標記」（rebadging）。[2] 由於
沒有機構負責蒐集有關企業聯盟的統計資料，所以無法
評估其明確範圍，但就像依默特（Emmott 1993: 15）所
指出的，它們是商學院和一流行企業文獻中的「熱門主
題」，像運輸業就碰上這些問題，形成「全球聯盟」似乎
是各國航空公司的生存策略，例如英國航空－全美航空
－TAT－德航、英國航空－澳亞航－紐西蘭航空、荷蘭

---

❸ 譯註：澳大拉西亞（Australasia）是澳洲、紐西蘭及附近南太平
洋諸島的總稱。

航空－西北航空、法國航空－比利時航空－捷克航空、
瑞士航空－達美航空－新加坡航空。而電訊公司也是如
此，譬如 Worldsource（美國電話電報公司－Kokusai 電
信電話－新加坡電訊）、英國電信-MCI、德國 Bundespost
電訊－法國電訊。不過有些企業聯盟也會在出乎預料的
出現，以 IBM 為例，它曾是製造大型主機電腦的唯一廠
商，但其個人電腦的發展卻是與 Microsoft、Intel 和 Lotus
合作的產物，IBM 現在更和 Apple 電腦合作，開發共同
的軟體架構（Emmott 1993: 15）。在科學應用領域上，擁
有資訊科技和新材料技術領先優勢的小型後工業或後現
代廠商確實傾向形成企業聯盟，這可能是因為在這類科
學應用領域中，創新的發生範圍太廣，使得廠商必須彼
此合作，否則會被淘汰。以半導體公司為例，公司之間
的國際性研究合作協議已從 1983 年的 43 件成長到 1989
年的一百多件（OECD 1992: 14）。

　　雖然傳統的日本大型集團公司（Keiretsu）可能被視
為世界企業組織未來的全球化形態，但是一個真正的全
球化體系可能不是這個樣子。在稍早討論到世界貿易自
由化的段落中，依默特（1993: 8）認為，在一個貿易完
全自由化、運輸的邊際成本不高的環境裡，多國籍企業

將會停止存在，因為廠商會選擇適當的地點生產，獲取
最佳的成本優勢，以便將規模經濟極大化；至於那些不
敷運輸成本的地點則授權海外生產。在一個真正全球化
的經濟脈絡中，多國籍企業的消失有利於在地製造商進
行全球行銷。

組織的普世主義

　　許多美國產業組織在步入二十世紀後的數年內經歷
頗富盛名的轉變。美國的福特汽車公司發明移動式的裝
配線，為經濟組織的觀念樹立一個典範，最近被稱為福
特主義（Fordism）。福特主義鼓吹大量生產標準化的產
品，提供給高薪資造就的富裕大眾市場。它充分利用資
本設備，透過密集的機械化和規模經濟來降低各項產品
的成本。福特主義同時成為西方資本主義國家和東方社
會主義國家的理想化生產系統。[3] 只要福特主義不斷被多
國籍企業輸出並被企業模仿，它便能成為第二次世界大
戰之後全球經濟的重要特徵。不過，福特主義的成功不
只是由於它具有世界級的產銷能力，而是它還具有社會
與政治上的重要性——它能夠非常有效的控制勞動過

程，並有效的滿足工人在物質層次上的需求。用眾所周知的說法來表示：它把無產階級轉變成儀器操作工（instrumental workers）。

但是福特主義並不是一個完整的典範，特別是它並未論及決策者是誰、採用何種程序的重大議題。而該議題在許多情況下可從一個類似的工作典範，即泰勒主義（Taylorism）（爲工程師 F. W. Taylor 發明）的觀點據以解決，它指出管理與勞動這兩種功能之間存在根本差異。然而泰勒主義的全球影響力不及福特主義，部分原因是它遭遇到同爲操作典範的人本主義典範，也就是「人際關係」（human relations）典範的挑戰。因而產業組織得以根據兩個原則——國家對經濟組織採取管制、協調、補貼和改制國營的行動模式，以及適當經濟行爲的文化規約——在各社會中以不同的樣貌出現（參考 Lash and Urry 1987）。譬如美國的大公司由前工程師經營，作出與科技和市場有關的高度理性化技術決策；德國公司由國家經理人和金融公司共同組成；法國的大公司是集中化的、由國家管理的科層體制；英國則在可能犧牲相對產業效力的情況下，專注於管理地位團體的維持；至於北歐是有計畫的努力去除管理者和工人之間的區別。

在當今全球化加速的情況下，這些文化差異正傾向被納進一個理想化的適當組織行為中。這個典範併入前述說法中發現的許多觀點，但卻是從一個單一的、新認定的命令角度進行建構——組織必須有能力彈性地回應商品飽和帶來的不確定市場情況，這種組織才能被描述為後現代，因為它的內在和外在兩者是被過度分化和去分化。[4] 就內部而言，管理階層和工人彼此互相轉變，出現一個新興的專門化工作角色；就外部來說，能夠快速適應變動市場的各個組織將擁有「無形性」（shapeless-ness）和使其結構彼此相似的特性。

有兩種解釋，即後現代和全球化解釋可用來說明這種轉變。第一種是馬克思導向的解釋，以哈維（1989）為最佳代表，認為資本主義立基於「資本投資－勞動經濟－失業－降低需求－提升效率－進一步投資」這般模式，在經濟繁榮與蕭條之中交替循環。這些循環打造了周期性的「過度積累」階段，其中會出現大量閒置的資本和勞力，這種情勢顯現在失業危機、市場供應過多、節省產業生產力和賣不出去的存貨當中（Harvey 1989: 180-1），迫使資本主義積累作出激烈的重構。1930 年代大蕭條的危機開始轉向福特主義和凱因斯主義，類似危

機也發生於 1973 年，當福特主義的生產力超過需求時，
人們必須尋找一個新典範，以降低市場依存。

　　對於轉變所作的全球化解釋（例如 Marceau 1992）
則較為乏味——解釋因素是日本產業在全球的出色表現
挑戰了美國和歐洲的支配。這部分得歸功於日本政府在
協調運作產業策略、以及將新資訊和物質科技應用到生
產上所展現的綜效。不過，日本產業成功的主因是它新
穎的結合了各種管理實務，並透過日本多國籍企業的活
動，相當成功的將之移植到日本境外的分公司營運上，
使此種新穎的管理實務得以全球化。而在地的競爭者則
有計畫的尋求配合日本組織實務的效率優勢。[5] 更重要的
是，全球文化傳布的過程一直持續進行，其中日本產業
帶動的觀念體系也隨之傳遍全世界。這種傳布發生在三
個領域：在流行的大眾傳播媒體中，日本生產體系代表
一種高度普遍化但卻有些矛盾的理想，這可從恐懼和欽
羨兩個角度進行討論；在大學內，商學院教授和組織理
論家針對日本優勢作比較研究，研究結果被發表和放進
組織設計課程中，成為未來經理人的學習內容；最後是
它們被寫成易於消化的流行書籍，販賣給經理人作為組
織轉型的參考手冊。

　　我們現在可以思考這種強調彈性專門化和積累的日

本式組織典範，也就是豐田主義（Toyotism）的構成要素（Dohse *et al.* 1985）。[6]該典範把公司定位在組織導向，而不是會計導向（Dore 1989），把焦點擺在資產擴充和市場佔有率，而不是成本和收益的立即估算。這些要素陳述如下：

1. 策略管理：策略管理的目標是預測（假如可能的話）和控制組織與其供應商和顧客市場之間的未來關係。典型的例子像是在產品的生產生命初期把售價壓低，確保能在未來獲得足夠規模的市場佔有率，不僅要將獲利底線極大化，還要把總體收益極大化（Swyngedouw 1987: 491-3）。另一個例子是在上述通貨市場中，原料的付款策略必須界定不同層次，以確保長期的供應合約。

2. 及時生產（just-in-time）：及時生產的基本原則是在生產過程的各階段把存貨最小化，因為剩餘存貨代表未實現價值。生產過程被分成數個階段，每個階段被組織成一個工人團隊，各階段在「去和取」（go and get）基礎上使用組件，

並依據後續組裝階段的需求生產其自身的組件
（Swyngedouw 1987: 494-6; Wilkinson *et al.*
1992）。「及時生產」取向可與福特主義的「備
料生產」（just in case）取向作對照，備料生產
需要儲備零件和成品。及時生產產生一項重要
結果：除了流動裝配線之外，還得利用其他各
種方式控制工人，包括在工作安全、升遷可能
性與家庭福利等方面長期維繫工人的忠誠。及
時生產意謂多重技能，所以剩餘的勞動時間可
資運用，並將有關零件、必需品和生產的決策
加以在地化（localized）。

3. 全面品管：及時生產意謂公司內外部供應的組
   件必須具備可靠的數量和高度的品質。日本的
   品質控制系統仰仗所有與維持生產標準有關的
   工人。接觸品管圈（quality control circles）的工
   人會拿到各種標示系統上品質問題的圖表，以
   避免品質出現瑕疵。品管圈在 1960 年代以來快
   速擴及日本產業，現在同樣迅速地擴散到歐洲
   和北美。[7]

4. 團隊作業：及時生產和品管圈的實行鼓勵日本

企業採行英國 Tavistock 機構在 1950、1960 開
發的自主性工作團隊的觀念。團隊作業
（teamwork）的實驗在 1960-1970 年這段期間
也遍及歐洲，特別是北歐。團隊作業需要處於
製程中同一階段的一小群工人將工作集體化並
進行分配。在某些情況下，所有的工作會混在
一起，打破技術性和非技術性工作之別；在其
他情況下，工人則仍然維持其個人技術，但卻
在一起工作。

5. 分散管理（managerial decentralization）：這包括
    取代非彈性的、集中控制的、多層次的階級，
    而代之以移動的、彈性交換的無形與流動性矩
    陣。每一個組織型態與實務的結合都仰賴其回
    應需求的能力而存活。這種結構最極端的形式
    發生於彈性外部化的場合，也就是組件的生產、
    工人的技能和其他資產被分包到組織外部。[8] 發
    包組織一般都會使用先進的技術，生產規模很
    大，並雇用高薪資、多重技術與高度投入的工
    人，而外包廠的規模較小，雇用低薪且經常是
    邊緣的的勞動力。[9] 一群外包廠可以緩和市場對

核心廠的衝擊，特別是當核心廠需要編制外的勞動力時更是如此。

6. 數量彈性的勞動力（a numerically flexible labour force）：數量彈性的主要對象是那些在市場表現不佳或衰退時暫被解顧，但在市場需求增加時又回到職場的勞工。這些機制包括兼職和臨時工作、戶外工作（outworking）、家庭副業（home-working）以及外包。

7. 彈性機能工人（functionally flexible workers）：包括三個要素(1)工作整合，這部分涉及增廣職業分類和工作輪替，更重要的是，在某一政策施行和概念化過程中將體力勞動者含括進來；(2)多重技巧，涉及廣博基礎技巧的發展，包括品質控制、功能維護以及直接操作製造設備；(3)在地化的責任，其中工人重新充任中級管理階層的功能（Mathews 1989: 108-9）。

　　日本式的組織實務對文化化的經濟生活產生重要影響。在十九世紀自由的放任主義（*laissez-faire*）體制下，個人成本和利益的計算被當成組織內工人的動機。當他

們開始真正的計算，收回他們付出的勞力以展現其權力時，廠商卻採行福特主義的經營方式，利用科層體制和技術手段對工人進行極大的控制。日本人發現，這種規則不太可能產生好的組織表現。為了讓工人願意積極奉獻，就得發展一個全然的文化環境，給予他們一種初級社會團體的歸屬感，這不僅需要「就業生涯」的安全與物質利益，還得反思性的試圖將廠商重構為一個擬似家庭社群（quasi-familial community）。而部分發現指出，這種社群的一致性的訴求對象僅限於擁有組織所需技術的那些工人。

　　經濟生活的文化化展現了與全球化相關的三重效應。首先，它是一個反思過程，雇主有計畫地提供一種特殊的文化，他們會留意員工，試圖將他們帶入一種共享的歸屬感；雇主會發展強化情緒投入的企業象徵和儀式，試著透過訓練培養工人的技巧和能力，並嘗試儘可能多與員工進行直接溝通，而不以階層制度作中介（Thompson and McHugh 1990: 228-31）。在具體化的設計過程中，公司會被歸類為擁有「強」組織文化或「弱」組織文化，這對社會學家來說可能有些奇怪。[10] 試圖發展強文化的公司會變得樂於接納意見並找出意見，企業理念的全球流動因而增加得非常快速，這造成了第二種

效應，也就是在向公司外部和國家外部找尋企業理念的同時，也提升了對全球事件與結果的自覺。當企業組織已被科技所操縱時，企業經理人就不能再認為其企業只受到在地事件的左右。第三個全球化效應是，福特主義的最純粹形式被限定在幾個特定的組織類型——使用複雜技術和大規模資本設備的組織，只有如此才能成功的對高薪工人進行技術控制。新的組織典範可以在任何企業當中運作，並能從企業部門輸出到其他的組織類型。現在除了廠商之外，政府機構、教會、學校、醫院、俱樂部、大學也全都展現來自新文化典範的全套符號排場——任務陳述、策略計畫、全面品管、多重技巧和人員發展。這不只在其最近世界性的併入意義上構成全球化，也在其舊有的全面形式上進行全球化。

流動金融

在本章檢視過的經濟生活各面向中，全球化程度最高者可能是發行公債的市場與資本市場。這些市場有一段長期的國際化歷史。許多人將 1987 年 10 月的「黑色星期一」股市崩盤視為全球化效應的顯例，當時全球各

地的股價快速暴跌。但是 1929 年華爾街崩盤產生的世界
性影響卻更為嚴重，然而其散佈情況卻沒有那麼快速。

　　吉爾平（1987: 308-14）指出，國際金融市場的發展
經歷三個時期：

◆　1870-1914 年：英國是主要的資本輸出國，國際
　　金融因而以倫敦為中心。外資持股在這段時期
　　增加五倍，倫敦操握世界金融體系。

◆　1920-1939 年：第一次世界大戰迫使包括英國在
　　內的歐洲各國政府清理海外投資，同時間美國
　　逐漸成為經濟強權。美國直到 1929 年才提供流
　　動資金給金融體系，但卻在同年削減國外借貸。
　　此後一直到第二次世界大戰之前，市場仍處於
　　不流動狀態。

◆　1947-1985 年：紐約成為國際金融中心，也就是
　　成為票據交換所、外匯準備銀行、主要的資本
　　市場以及資金的最後供應者（ lender-of-last-
　　resort）。美國透過世界銀行與國際貨幣基金會
　　（IMF）而得以完成其國際金融管理，而政府的
　　國際援助和私人資本同為財務的重要來源。

　　全球金融體系因而在名義上被國際化，並且服從集體的財務管理。在第二次世界大戰之後這段期間，1944年的布列敦森林協定（Bretton Woods Agreement）設立了國際貨幣基金會，其任務是以提供暫時性的貸款給其他國家，使其在無需大量重新調整結構的情況下，度過周期性的國際收支赤字，藉此維持國際間的匯率穩定。雖然在長期階段中，赤字國確實需要重新調整，而在許多情況下，各赤字國也只以貶值方式改善國際收支，然而國際貨幣基金會在過去 25 年來仍有效地把美國的國際收支盈餘交還給赤字國。一項重要的穩定因素是把美元幣值連結到一定的金價。

　　戰前和戰後的體系雖然都是高度國際化，但卻未完全的全球化，因為兩者都依賴集中化的管理，並由單一國家所承銷。倫敦體系在 1930 年代未能產生作用，當時的政府沒有承銷該體系的準備，而類似危機也在 1970 年代早期發生。美國產業和貿易力量的相對衰退是危機的主要來源（如上述討論），數項助長美國衰退的因素包括區域貿易集團的興起、日本和新興工業化國家浮上檯面以及石油輸出國家組織帶來的石油危機。於是美國變成債務國而非債權國，並開始以將美元挹注到市場上的方

式來處理本身的債務，而同一時間，石油輸出國家組織的成員國也以同樣的方式來處理其以美元為基準的盈餘。這些流動資金當中有許多停留在低度發展當家內，提高債務難以控制的程度。更重要的是，美元市場和歐元市場的發展都超出紐約的管理範圍，這種「無國界」的全球化貨幣其數量從 1973 年的 500 億美元增加到 1987 年的 2 兆美元，幾乎和美國本身的流通量一樣（Harvey 1989: 163）。

美元自金本位貨幣制度（gold standard）當中撤出，這個事件標誌布列敦森林體系的瓦解，因為在面對美元的通貨膨漲時，兩者間的關係無法繼續維持。國際貨幣基金會藉由所謂的特別提款權（Special Drawing Rights）已將黃金補足，這種權利可視需要向國際貨幣基金會借貸，作為對美元和其他貨幣的信用支持。特別提款權現今已經取代黃金、英鎊和美元，成為全球計算的標準，並成為五大貨幣（美元、英鎊、馬克、法郎、日元）的加權混合，但是特別提款權並未成為全球貨幣。

在一個非全球化的體系內，吾人將可期待金融中心的轉移，也許會轉移到法蘭克福或東京，但這種情況並未發生，反而是出現一個純粹的全球化過程，致使地點

（location）不再有關聯。紐約的勢微，加上即時和電腦化的通訊發展，造就「第四時期」的出現。全球的金融市場已朝兩個方向發展。首先，伴隨著時間的征服，空間也隨之消除。由於各特定地區的開盤時間（opening times）重疊，透過電子通路讓貿易得以 24 小時進行，套匯（arbitrage）變得更為技術性且更加瘋狂。這種持續的貿易擴展到貨幣、股票、有價證券、期貨以及商品的交易。其次，金融市場已經去分化，使銀行變成證券業者，使信用合作社變成銀行等等。這種後現代化效應與現行主張有關的是，整個體系變得愈來愈難控制。國家任由金融市場擺佈——例如歐洲貨幣體系在 1992 年崩解，即為市場持續攻擊體系弱點的結果，縱使德意志聯邦銀行傾全力也拯救不了。

　　政府可以影響金融市場的唯一方式是透過干預，而不是管制或者集體承銷通貨（collectively underwriting currencies）。他們經常在協定的基礎上嘗試干預，偶爾獲得成功，譬如 1985 年當七大工業國賣出其持有的額度，誘使市場貶低美元的價值，但經常遭遇失敗；再譬如 1987 年七大工業國購入 900 億美元卻未能保護通貨價值，七大工業國的政治領袖和其央行總裁展開例行集會，

目的是爲了調整其國內的經濟政策，並抒緩貿易失衡的效應。大體上這經常意謂對德國和日本施壓，迫使其降低貿易盈餘，這正是當今全球金融管理的範圍。

金融市場的全球化影響個人也影響國家。下列敘述勾勒它在連結不同地區的過程中展現的效應：

> 時空和貨幣的限制對銀行業來說並不重要……英國的買主可以取得日本的抵押權，美國人可以使用香港的提款機點選他在紐約銀行的帳戶，日本的投資人可以在以倫敦爲根據地的北歐銀行購買股票，而其股票的票面金額是英磅、美元、德國馬克和瑞士法郎。
>
> (*Financial Times* 8/5/78, cited in Harvey 1989: 161)

金融市場的全球化在全球化文化和意識當中因而產生深遠的影響。

勞動遷移

在生產要素的交換體系（factor exchange systems）當中，若說金融市場的全球化程度最深，勞動市場則最

淺。在經濟生活當中，沒有其他領域會像勞動市場那麼深受國家限制，並頑強地抗拒全球化效應。可能的原因在於政府對選民負有照顧個人經濟福利的責任，所以引進移民（migrants）似乎會威脅人民的就業前途，以及降低公共服務的價值。雖然政府的禁令限制了勞工的移動，但這並不是唯一的限制來源。以歐盟為例，歐盟的成員有權在聯盟境內的任何地方生活和工作，雖然各地的生活水準不一，但內部的遷移一直不多（Emmott 1993: 6），似乎只有在十分嚴重的經濟或政治不利因素出現時，家族、語言、國內投資和文化親近性等在地限制才能被克服，繼而產生遷移。

　　事實上，在全球擴張的最早期階段即已出現高度的勞工流動。在其初始階段中，許多流動顯然是被迫的：白種商人在 1500-1850 年間從非洲載運 950 萬名奴隸到美洲，其中有 400 萬人到加勒比海、350 萬人到巴西，其他 40 萬人則被運送到美國南部。至於被迫遷移到澳大利亞和美國的罪犯雖然和黑奴的遭遇一樣惡劣，但人數遠遠較少（McEvedy and Jones 1978: 277）。「自由的」白人殖民者的開拓動作在 1800 年之後才減緩，那一年橫渡大西洋的歐洲人不到 100 萬。而「大遷移」（Great

Migration）發生於十九世紀，在 1845-1914 年間，有 4,100 萬人遷移到美洲，這些人主要是來自歐洲，且主要選擇美國落腳（McEvedy and Jones 1978: 279）。美國在第一次世界大戰之後限制移民數量，但仍持續吸收相當多的人口，過去五年來每年都接受 60 萬名移民（Emmott 1993: 7）。

由於美國在二十世紀採取限制移民政策，許多歐洲人故而移民到前英國殖民地，包括澳大利亞、加拿大、紐西蘭和南非等等，澳大拉西亞接受的移民總數高達 550 萬（McEvedy and Jones 1978: 325）。這些移民有很大一部分是基於純粹的經濟動機，不過，這種大量遷移的類型不復可見。當經濟危機在 1970 年出現之後，大多數先前保持「開放」的社會也開始限制移民的數量和資格。

第二次世界大戰以後，主要的國際遷移型態如下（參考 Cohen 1987）：

◆ 歐洲和亞洲移民持續遷移到北美、澳大利亞和南非。

◆ 越戰後的難民遷移。

◆ 主要來自於古巴、墨西哥和波多黎各的拉丁美

洲移民遷移到美國。

◆ 從前殖民地返回歐洲「母國」的移民，特別回
到英國（來自非洲大陸、南亞和西印度）、法國
（來自北非）、荷蘭（來自印尼）和葡萄牙（來
自非洲）。

◆ 來自東歐（主要是土耳其和前南斯拉夫）的「短
期」外籍勞工（Gästarbeiter）遷移到北歐繁榮
國家（特別是西德和瑞士）。

◆ 亞洲人「暫時性的」遷移到中東石油輸出國和
日本。

◆ 猶太人遷往以色列，尤其是來自於蘇俄和東歐。

◆ 東歐人遷往西歐和美國（譬如西德連續五年每
年接受 44 萬名移民）（Emmot 1992: 7）。

這些參差不齊的發展絕非代表一個全球化圖像。在
一個真正的全球化市場中，勞工的移動和移民的型態將
完全不受國家限制。不過，有些證據暗示國家在此處的
力量也可能是微弱的：假如人們的決定夠強烈，便能克
服國家的管制策略，甚至連最嚴苛的預防措施也無濟於
事。一些事件對此作出見證：大量「非法」移民從墨西

哥進入美國；中南半島的「船民」成功的遷移；東、西歐之間架設刺鐵絲網的邊界倒塌；1989 年天安門大屠殺之後中國學生流亡海外；以及歐洲的外籍勞工即使面對兇暴的種族攻擊，仍決意取得正式的公民權。當全球意識增加，支持單一勞工與移民市場的壓力也會增加。

跨國階級

　　傳統的階級觀是把民族國家－社會－經濟（nation-state-society-economy）當成階級行動的客體。在馬克思的分析當中，階級鬥爭是為了控制國家，且最終將之廢除。的確，正如我們在第一章所見，馬克思想像真正的全球化是無產階級革命成功的結果。同樣的，在韋伯的分析中，國家層次的階級鬥爭為的是爭奪社會中的酬賞分配。假如吾人接受階級分析的真實性，那麼階級必須被指明為國家化的集體行動者，因此我們得問：階級能否在可能具有分解階級效力的兩個趨向當中續存？第一個趨向是國家的式微（第五章將討論）祛除了鬥爭的對象——酬賞，第二個趨向是國際經濟的市場化和全球化可能使階級喪失鬥爭領域。在一個沒有中心的全球經濟

市場上，可能沒有場域讓階級彼此針鋒相對。

范德皮傑（Van der Pijl 1989）等人強力宣稱，階級
鬥爭只是從國家層次晉升到國際層次。他主張，當全球
化進行時，資本家階級會在三個時機把自己朝著國際方
向轉變：

◆ 它發展出一個國際階級意識——舉例來說，在
格勞修斯（Grotius）的國際法觀念和康德（Kant）
假定需要一個世界國家的想法中，較早出現這
種意識；
◆ 它在國際層次上發展出一個類似於國家的控制
結構——有美國勢力當靠山的國際聯盟和聯合
國可資爲證，其目的是確保世界安全，以利資
本主義發展。
◆ 它使勞動符合社會的要求，以便劃定國際經濟
空間的界線——透過貿易、投資和生產的國際
化，將世界區分成剝削國與被剝削國。

這些時機提供非正式國際資本家階級一些發展的條
件，是由大公司之間的網絡所組成，彼此透過相互連結

的董事會和交叉持股而連結在一起，上述這些時機加上
聯合國這類組織，讓該階級得以透過輸出貧窮而維持布
爾喬亞在核心社會中的位置，藉此經營國際分工。

　　本書通篇對全球化過程的分析傾向否定階級國際化
的可能性，這些一般說法至少是這樣子呈現：沒有國家
撐腰的統治階級不可能存在，而聯合國也不會獲得世界
國家的資格；內部的社會分工正傾向去分化（dediffer-
entiate），致使概念化和執行的功能也正傾向重新整合；
公司正在小型化，導致核心大型公司支配體系的能力將
逐漸減少；市場正變得分散且標誌化（tokenized），使其
愈來愈難被控制；以及主要的生產方式不再是工廠和機
器，而是人類的專門知識、象徵化的資訊與藝術產品，
這些都是短暫的、非累積性且無法控制的。這並不意謂
全球經濟沒有強力的個體推動者和憾動者，譬如我們無
法否認莫道奇（Rupert Murdoch）和索羅斯（George
Soros）的影響力，[11] 或是說波魯斯康尼（Silvio Berlusconi）
的成功的，而裴洛（Ross Perot）是失敗的。然而，他們
的權勢來自於個人才能，而不是因為他們是階級成員的
一份子。總的來說，在一個較為無法預測的全球經濟中，
個人的成功若沒有階級的支持，則可能被視為是靠不住

的——參照龐德（Alan Bond）或史朗波（Donald Trump）。

不過，這並非意指經濟階層化已從地表上消失。相反的，階層化形態現在把焦點擺在消費的可能性，而不是生產關係。這種新興的類型確實是種國際型態，在這種型態中，富裕社會的成員，即便是失業者，也能比發展中社會的就業者享有較佳的消費可能性。這在某段期間內特別明顯，但是現今加速階段的顯著特徵是：兩個世界開始在全球城市中混合。勞許和優瑞（1994）指出一種新的輪廓，將富裕的後工業服務階級或是支領高薪處於相對自主職位的中產大眾，與那些在固定不足額工資與沒有保障的勞動場所中支持其消費的弱勢的外籍勞工階級或下層階級並列。在全球化趨勢下，遷移已將第三世界帶回全球城市當中，剝削在此變得更為顯明。

一個全球化的經濟？

本章和後兩章一樣，會分別評定全球化過程的各個面向，經濟面向是此處討論的對象。表 4.1 顯示，左欄是全球化經濟的理想類型輪廓，右欄則列出事務的現今狀態。全球化在金融市場和組織觀念領域中最發達，在

勞動市場上的發展則最少。一項重要的分化因素在此似乎成為中介，金融市場和觀念領域兩者都被高度「標誌化」，意即這兩個領域當中的交換是以符號為中介。同樣的，在貿易和投資領域中，以符號為中介的數量和程度也會增加，特別是當服務逐漸成為貿易的構成要素，以及資訊和人類技能成為資本的構成要素時更是如此。冒著臣服於駭客的說法——「資訊想盼自由」（information wants to be free），符號物品不受地理和時間界域的限制，物質貨品卻受限於此。另一方面，勞動仍然是物質性的，且大部分可以控制，所以這種市場仍受到個人偏好的管制。

　　這項主張可以引領我們回到本書的典型觀點。正如在導論中提到的，粗略的說，物質關係在地化（援引馬克思和華勒斯坦的說法）、權力關係國際化以及符號關係全球化是原理的基礎。當社會生活的特定部門從物質支配移向權力關係，再移向符號關係，這就是朝向全球化的趨勢。在已檢視過的經濟生活各面向中，我們可以指明現代社會大略的周期性與該原埋一致。大約在 1600-1870 年間是「資本主義經濟」時期，其中專制帝國衰退，民族國家新興但卻虛弱，企業家貿易商建立跨地理區的

表 4.1　經濟全球化一覽表

面向	全球化的理想典型	事務的現今狀態
貿易	各地之間有絕對的交易自由。服務與符號商品不定性的流動。	最少的關稅障礙。大量的非關稅和文化障礙。區域性的新重商主義。
生產	各地區的均衡生產活動只由物質／地理優勢所決定。	技術性的分工取代國際性的社會分工。生產出現大量的分散情況。商品去實體化。
投資	最少的國外直接投資，且由貿易和生產聯盟所取代。	企業聯盟取代跨國公司，但仍存在大量的國外直接投資。
組織觀念	對全球市場的彈性反應能力。	彈性典範已成正統，但福特主義實務仍存在許多部門當中。
金融市場	分散化、即時的且「無國界」。	全球化大半完成。
勞動市場	勞力能自由移動，不再永久屬於某個地區。	國家管制漸增。面對「經濟」遷移的機會，個人承受很大的壓力。

連結。大約在 1870-1970 年間則出現「政治經濟」體系，
這是一個國際經濟關係體系，更精確的說是由組織之間
組成的經濟關係體系。在政治經濟體系中，國家權力取
決於自身的經濟實力及其國營企業從事貿易、投資並變
成多國籍企業的能力。國家可與多國籍企業共同操控勞

力、貿易和投資的流動，以提升其於國際體系中的經濟。新興霸權可以透過名義上的國際組織管理國際金融體系。

地球上的住民現在似乎已進入第三階段，即「文化經濟」階段。此處的象徵化（symbolicized）市場已非國家能力所能管理，而經濟生產單位開始縮小到一個更人性化和個人化的規模。由於經濟太過從屬於個人的品味和選擇，致使經濟被反思地市場化；也由於標誌化體系（tokenized systems）並不受物質範圍的限制，使經濟被反思地全球化。商品本身即是符號，生產和行銷這類商品的大眾傳播媒體、娛樂產業和後工業化的服務產業即是此一過程的主要部門（Lash and Urry 1994），經濟因此能扭開並穿透經濟和政治地理區的殘存防禦。在文化化的全球經濟中，以消費‧生活型態和價值承諾爲基礎的世界地位體系（world status system）繼而取代了世界階級。

5 俗世權力：政治全球化

對生活上的大問題而言，民族國家的角色已變得微小；
對生活上的小問題來說，卻又變得太大

Daniel Bell

　　上一章指出，在許多物質面向上，從前各別社會的
經濟組成單位之間出現愈來愈多的相互連結與互賴。社
會與社會之間在管理、資本、財務、勞力和商品的交換
逐漸和各社會內部的各種交換產生關聯。在第二章當中，
我們檢視政治科學與國際關係學門試圖把這些變遷和其
他變遷加以理論化，它們典型地會用二元論的說法將世
界理論化，主張世界會在經濟和文化層次進行全球化，
但是國家的主權和決策權仍保有基本的位置。在本章當
中，我們將檢視激進的對立觀點——認為國家也受到全
球化的影響，而政治活動逐漸把焦點擺在跨社會的議題
上。

　　賀德（Held 1991: 207-9）對此類主張作出最好也最
清楚的陳述。他從非政治的層次，以及各社會之間的連

結開始,而後採取一連串步驟來論證民族國家受到損害,最後被一個世界政府取代。賀德的論證步驟如下:

◆ 經濟和文化的連結逐漸增加,降低了政府在民族國家層次上的權力與效能——它們不再能將觀念流通與經濟項目控制在國境之內,因而導致國內政策工具效力不彰。

◆ 由於跨國生產在規模和數量上俱增,致使國家權力進一步被削弱——譬如跨國公司較許多政府來得大而有力。

◆ 許多傳統屬於國家責任的領域(例如國防、通訊、經濟管理)因而必須在國際或各政府之間的基礎上協調運作。

◆ 國家因此不得不在較大的政治單位(比如歐盟、東南亞國協)、多邊條約(諸如北大西洋公約組織、石油輸出國家組織)或國際組織(比如聯合國、國際貿易組織、關稅暨貿易協定、國際貨幣基金會)當中放棄主權。

◆ 「全球統理」(global governance)體系因而出現,該體系有其自身的發展政策與行政體系,

將會進一步削弱國家權力。

◆　這爲具有強制力和立法權力的超國家的出現提
　　供基礎。

　　世界在最後三階段中的進展方向與幅度爲何？這個
議題是重要的辯論點。對許多「現實主義者」（realists）
來說（譬如 McGrew 1992b），民族國家的領土主權及其
對人民的意義使其成爲政治生活不容爭辯的基本脈絡。
對於像賀德這類「現代主義者」（modernists）來說，國
家主權已然勢微，而「世界政府」（world government）
確實有其可能性，雖然它不會跟當代民族國家的政府採
取相同形式。本書基於前幾章的期望，在此採行第二種
見解。

　　不過，在確認這個方向之前，有必要重提紀登斯
（1995）和麥克格魯（McGrew 1992b）強調的論點。我
們完全不需要說明民族國家式微以便支持政治全球化的
主張。的確，民族國家的出現本身就是全球化進程的產
物。如同第三章曾討論到的，紀登斯認爲民族國家制度
化的發生起始於十九世紀的國際關係體系脈絡中，只有
當國家擁有集中化和統一的政府體系得以處理其國內事

務和國家安全，它才能在此體系中生存和運作。封建政
體、沙皇俄羅斯帝國與奧匈帝國的消失，以及其後歐洲
殖民帝國的瓦解，均見證民族國家成功地調和公民承諾
（citizen commitment）與行政效率和國際安全。我們接
著從國家層次的發展開始。

國家的危機

　　一般人認為現代國家的發展發生於兩個歷史階段。
第一階段（或稱自由階段）涵蓋十九世紀，而第二階段
（或稱組織型階段）則涵蓋二十世紀（參照 Crook *et al.*
1992: 79-105; Lash and Urry 1987）。封建君主制基本上朝
著兩個方向轉變，頭一個方向出現在俄羅斯帝國和歐洲
大陸，封建貴族的權力逐漸集中於專制君主之手，與這
種最大的政治權力集中度對比，英國、荷蘭和美國等集
中度較小或較民主國家的出現，則是另一股更重要的發
展。在政治權力集中度較小的情況下，由於國家的主權
較小，因此政治權力可被民主地分享。國家基本上是個
外部角色，使用軍力和外交手段保障原料、對外貿易和
移入勞工，其內部角色則限定在透過設定法律體制、保

護私有財產、維持產業勞動力秩序等手段，來解決國內的爭端。至於資本家和工人彼此爭奪政治支配權則發生在國家的範疇之外。

二十世紀的組織型國家（organized state）代表獨裁主義的集中性與自由國家的行政效率彼此結合，其發展與世界大戰、大蕭條以及隨後而來的共產和法西斯革命有關。由於自由國家無力處理這些全球性的裂痕和壓力，特別是它無法動員不同的利益團體一起解決國家問題，故而在統合主義的（corporatist）基礎上重組，以便同時處理國家安全和經濟福祉遭遇的威脅。於是國家把兩項主要策略當作執行重點：首先，國家在提供核心計畫（central planning），特別是在管理經濟和財政時變得更具干預性。其次，國家成為社會上諸利益團體之間，特別是雇主和員工之間的仲裁者，其主要策略是支持投資和產業發展，以便擴大國內的經濟活動。譬如法西斯和共產主義國家經常採取擴張性和侵略性的國際姿態來培育人民支持這類活動，但是在二十世紀後半葉，大多數組織型國家簽署軍事聯盟體系，以確保其自身社會政治體系的安全。

培育人民的支持是這些統合主義國家的主要特徵，

民主國家的參政權顯然就是這類機制，甚至連共產國家也會透過政黨操弄民主。爲了維持這種支持和控制受雇者形塑的利益，國家會往福利主義的方向前進。經濟擴張和國際穩定帶來的物質利益因而不再侷限在資本家身上，而是重分配給全體人民，而重分配的機制包括收入課稅的累進系統、爲那些深受財務之苦的人們設置一張「安全網」(safety net)、普及化的健康、教育和退休制度，以及把一些產業國營化。包括新的前殖民國家在內，大多數國家在二十世紀中葉之前已採行不同的福利統合主義，將這些措施的某部分或全部措施含括在內。

在 1951-1975 年間，統合福利國家遭遇到多樣而廣泛的危機，包括下列數項（Crook *et al.* 1992: 92-7）。

◆ 人民需求的增加已非國家職能所能滿足。要求國家的權利已和貢獻國家經濟的能力分離。此外，國家已教育人民並給予人民政治參政權，對國家作出集體要求的數量和效能正妨礙政治過程的進行。

◆ 國家權力的真正位置被隱藏。政治家把焦點擺在調解各項要求和培育人民的支持，然而在幕

後操控真正權力的是官僚和專家。

◆　福利的施行消耗愈來愈多的福利預算，此外，
　　福利體系透過創造一個依賴國家的文化來培育
　　其自身的福利需求者（clients）。

◆　國家對經濟事務的干預傾向動搖其意圖保護的
　　市場，經濟體系中盡是衰弱和失敗的產業以及
　　未充份就業的工人。

◆　統合主義國家據以建立的各個階級利益團體正
　　在瓦解，有利於新的地位團體的形成，這些團
　　體經常帶有「後物質主義」（postmaterialist）的
　　價值承諾（value-commitments），這是統合主義
　　的物質主義策略所無法處理的。

◆　國家不再能提供安全：貿易和金融市場都已國
　　際化；毒品犯罪集團和恐怖份子不再顧慮國界；
　　愛滋病和生態等「自然的」議題也不易受國家
　　行動的影響；而個別國家也無法獨力對抗化學
　　與核子武器帶來的風險。

◆　最後，國家透過各種國際聯盟創造出來的局勢
　　反而是更危險的。這種局勢將世界分成幾個敵
　　對陣營，獲取軍事技術成為各陣營的唯一目的。

　　去國家化（disétatization）或國家衰微（state-weaking）
的過程即是對這種多樣性危機的回應。先前支持國家的
法人利益團體開始小型化和在地化，工會逐漸縮小並被
地方利益團體和公民創制權取代。國家以命令方式進行
干預的情況減少，但在此同時卻尋求增加市場的範圍和
規模。許多政府的公共事業開放給公部門和私部門競標，
正如我們所知，許多國營產業也回歸到私部門。許多政
府在特定領域停止提供福利，而其他領域則朝向解除軍
事管制。這些參與全球和區域組織的國家會放棄其部分
主權。

　　國家危機及其導致的去國家化對全球化而言同時具
有顯性和隱性意涵。顯然地，民族國家體系的瓦解成為
政治全球化的開端，只要國家繼續存在，一個擁有主權
的世界政體便無法浮現。然而隱性意涵可能更為重要。
國家危機成為全球化反思性的助因，原因在於政治家掩
飾自己失敗的藉口已沾染了全球色彩：由於美國或歐洲
或日本或其他地方的不景氣，導致我們的經濟衰退；因
為不明的國際投機客炒作，使得我們的貨幣貶值；我們
的空氣骯髒是因為某個地方發生核子融毀事件；由於國
際毒梟猖獗，使我們無法解決都市犯罪問題；或者，我

們無法餵飽人民，肇因於國際援助不足。只要政治家扭曲地把責任歸咎於全球場域，集體的政治行動者就會把聚焦於該場域，而民族國家將逐漸變成一個不相干的角色。我們現在可以思考他們關心的全球化政治議題，以及他們對國家主權的影響。

地球的問題

　　十九世紀的各個新民族國家設立國際關係體系，主權原則是該體系主要的特徵之一。主權原則斷言，國家有絕對的權力可以自主地決定該國的命運，而政治環境則據此建立。在此原則下，某國干預他國內政被視為是不自然的。[1] 在當今的全球化環境中，主權原則經常在多國參與的基礎上被侵害，理由是地球住民經歷的共同問題可能因個別民族國家的動作而惡化。這項發展至少代表了全球議題的「國家化」（nationalization），意即人們期待國家政策必須傳達全球共同的問題。

人權

個人有權以人類身分反抗國家主權，這種觀點的制度化也許是一項重要發展。在歷史上，權利一直被理解為國家中心的（étatocentric）議題。它們被制度化為公民權，隨著國家從其自由形式經由統合主義再發展到福利主義，權利也跟著發展。馬歇爾（Marshall 1973）雖然頗受質疑，但仍認為公民權是從法律（例如人身保護令）經由政治（比如選舉權）再擴展到經濟（最低限度的物質生活水準），為權利的發展提供典型的陳述。在這般觀點中，公民權被視為由國家負責維護的擴展性義務，而公民權的子民也會逐漸限制其主權。

在第二次世界大戰之後，戰勝強權在紐倫堡大審起訴納粹「戰犯」，這是侵害國家主權的一項重要事件。戰勝強權指派給德國政府「戰後秩序」（following orders）使其無法為違反人性的犯罪被告提出辯護。審判法庭甚至指出，在國家法律與國際人權規範起衝突的場合，個人必須作出踰越國家法律的「道德選擇」（moral choice）（Held 1991: 220）。不過道德選擇在後續的起訴中證實不是一個成功的答辯——背叛者宣稱他們為了保護人類

而損害國家安全，以及逃避兵役義務者宣稱他們是有良心的反對者，這些宣稱都被證實是相當失敗的。

關於普遍人權的宣言經常為人提及，通常包括言論和行動自由、政治結社和參與自由、正當的法律程度、取得最起碼的健康、教育和物質福利，以及對個人自身的掌控，特別是其生殖能力。不過，國家經常破壞這些原則，因為沒有任何條例可對這些國家進行集體制裁。著名的異例是歐洲保護人權與自由協定（1950）允許個人得向歐洲委員會針對人權議題逕行訴願，該會可要求歐洲人權法庭執行相關的聯合國規定（Held 1991: 219）。人權國際化的一個更重要面向是其政治強制而非法律強制。極端且公然的侵害人權經常遭致全球廣泛的譴責，且經常引發多國的政治行動。較有名的實例像是：對羅德西亞（辛巴威）和南非的白人種族主義政權採取有效的經濟、體育和文化制裁；1988 年中國在天安門廣場鎮壓政治自由運動，使其遭到外交和經濟孤立；以及聯合國在 1992 年開始介入波士尼亞和索馬利亞，保護平民遠離戰爭引發的飢荒與暴力的威脅。「人權」因此成為一個重要的正當化圖像，讓某國或多國在全球較為普遍支持下得以干預他國的國內事務。

地球環境

　　上述對人權的討論可以證實第三章提及的論點——
連結在地（local）與整體（general）是全球化最重要的
面向之一。人權堅持每個個體都是人類整體的表徵，藉
此把個體與人類整體連結起來。其他的「地球問題」也
有效的達成此種狀態——環保議題連結主觀的生活型態
和地球的物質條件。許多地球的住民，特別是那些富裕
的幸運者，開始思考假如他們及其後代若想擁有舒適、
繁榮和健康的生活，就得將地球視爲一個需要人們共同
維持與照顧的家。人類社會無法超越地球的物質和資源
限制而無窮地擴張，這種觀點正是這種概念化的全球化
面向。環境保護論的創始者富勒（Buckminster Fuller）
在 1980 年代把地球視作「太空船地球」(spaceship earth)，
適切地傳達了有限空間的觀念。

　　羅馬俱樂部（Club of Rome）是由相關的知識份子
組成的團體，他們提出一份報告首次嘗試通俗地指明這
些限制（Meadows *et al.* 1976）。這份報告指出，人口和
經濟成長受限於地球的負載能力，這些限制包括食物、
礦物和能源、以及污染三部分。俱樂部的成員馬爾薩斯

（Malthus）提出的相關觀點如下：

◆ 食物生產立基於可耕地的獲得。由於可耕地的
供給衰退，即使可耕地的生產力加倍，也無法
餵飽西元 2050 年前的世界人口，世界上有些地
方甚至早已到達這種程度。

◆ 不可更新的能源和礦物資源讓危機更形嚴重。

◆ 人口伴隨著經濟成長率的增加而暴增，製造出
熱氣、二氧化碳、核能廢料和化學廢料等污染
物，嚴重妨礙人類自身的生存能力。而污染物
的產出率會隨著人口規模和經濟發展而快速增
加。

就這些論點看來，世界正處於人口－資源的陷阱
（population-resources trap）內，其中回饋系統的運作會
使既有問題更形惡化。人口增加愈多，使用的不可更新
資源和製造的污染也就愈多。資源短缺和污染成本降低
了各國維持長期經濟成長的能力，但是經濟成長卻又是
促使社會現代化以及改變（有關家庭規模和婚齡）傳統
價值的發動機，因此它會對生育力產生抑制效果。假如

這些傳統導向沒有改變，那麼人口將會繼續增加，且周期將會重現。

　　羅馬俱樂部認爲飢荒、資源耗竭和污染等問題仍然顯著，大眾最近注意的焦點集中在兩個特定的領域——生物多樣性和全球氣溫上升，而這兩個領域的問題會帶來顯著而急迫的影響，1992 年在里約熱內盧舉辦的第一屆國際地球高峰會即將之視爲重要主題。

　　生物多樣性（biodiversity）是有關地球上多樣動植物種存續的議題。對生物多樣性的威脅有二，最明顯的是經濟開發，導致像犀牛、非洲象和巨鯨這類物種減少。第二個威脅來自於對棲息地的破壞。當人口擴增時，人們擴大都市環境和農業活動的範圍，大幅利用礦物和林地等自然資源，因而破壞自然的棲息地。遷移到新環境的人類時常攜帶並引進外來物種，這些活動會破壞原有均衡的生態系統，造成許多原有物種無法續存。這類活動可能是塔斯馬尼亞虎的滅絕，以及現今其他物種遭受威脅的原因，這些物種像是 Kouprey（只剩 10 隻）、爪哇犀牛（50 隻）、Iriomote 貓（60 隻）、黑色獅面狨猴（130 隻）以及侏儒豬（150 隻）（*Melbourne Sunday Age* 31/5/92）。

全球氣溫上升（global warming）是一總括性的用語，其中包含四項發展：臭氧層的耗竭、大氣污染、濫伐以及氣候變遷。

◆ 臭氧層位於大氣層高層，保護地表不受強烈紫外線輻射能的傷害。科學家在 1980 年代中期發現南極洲上空的臭氧層變薄，在 1991 年發現溫暖地區的臭氧層減少了 3%（*Economist* 30/5/92）。由於紫外線輻射能與皮膚癌有關，所以人類特別關注該問題。含氯氟烴（CFCs）這類非活性氣體的排放是消耗臭氧層的主因，這種氣體常用於煙霧劑和冷卻系統中作為推進燃料。1987 年在蒙特婁簽署的國際條約已有效的減少含氯氟烴的排放，不過人們仍不清楚臭氧層是否能復元或者多久才能復元。

◆ 科學家長期以來已意識到車輛排放的碳氫化合物，以及工業排放二氧化硫造成的污染會在大氣中形成酸雨，而後對森林造破壞。最近則關注工業生產燃燒化石燃料排放的二氧化碳。[1]這

---

[1] 譯註：化石燃料指的是媒、石油、天然氣等礦物燃料。

種排放的程度與各社會的工業發展水平有關，譬如美國每人每年約排放 5.5 公噸，但巴西卻不到 1 公噸（*Economist* 30/5/92）。二氧化碳和（畜牧生產所製造的）甲烷都屬於「溫室氣體」（greenhouse gases）——它們阻擋太陽熱的反向輻射，因而使地球的溫度增加。

◆ 由於濕熱帶的濫伐漸增，溫室氣體的效應也跟著惡化。樹木能從大氣中吸收二氧化碳並排出氧氣，而濫伐則降低二氧化碳被吸收的數量。至於焚燒也會釋放先前吸收的碳。自 1850 年來，大約有 770 萬平方公里的森林（約佔總數的 12%，或等於一個美國的大小）已經消失（*Melbourne Sunday Age* 31/5/92）。

◆ 許多科學家同意上述發展將導致地球的溫度上升，不過，也有許多人不認同氣溫上升過程的速度和幅度及其對不同地區的影響。聯合國最近估計，下個世紀地表溫度將上升 2-4.5 度（*Melbourne Sunday Age* 31/5/92），這個現象將嚴重影響食物生產和海平面的高度。

　　大眾在接觸一系列試圖提出警告的科學刊物之後已意識到這些問題。羅馬俱樂部的第一份報告是項初例，不過地球問題的意識自此之後步上漫漫長路。關於地球作爲一個單一整體的說法，最極端的陳述當屬羅夫拉克（Lovelock）提出的「蓋亞假設」（Gaia hypothesis）（以希臘大地女神命名），他指出：

> 地球上所有的生物，從鯨魚到病毒，從橡樹到海藻，都可被視為一個單一生存體的構成要素，這個生存體能夠操縱地球的大氣以合乎其總體需求，並賦予遠超出各個組成部分的能力和力量。
>
> （Lovelock 1987: 9）

　　假如蓋亞受到人類行動的威脅，她將反噬人類並將之消滅。這種嚇人的說法被人們加以渲染。倘使人們相信這項說法，該主張將深具警告意味，不過蓋亞畢竟只是個預測系統。對照之下，「混沌理論」（chaos theory）（Gleich 1987; Hall 1992a）則斷言，全球體系和其他各個體系彼此關聯，但在本質上是混亂的，當這些體系發展時，微小的擾亂可能會擴展得非常迅速。地球的情勢不只充滿著危險，而且這種危險會因偶發的個別事件——

—也許是一場單純的核子融毀或石油外溢——而快速惡化。在貝克對「風險社會」（risk society）形成所作的分析當中可以見到環保論者（與社會學家）對混沌理論的解釋，他認爲風險社會含有不可預知的危險（1992；參考第三章）。就像羅夫拉克和格萊西（Gleich）一樣，貝克對全球環境恐慌所作的討論也倍受推崇。[2]

　　歐尼爾（O'Neill）指出，這些恐慌是全球化的產物，同時也有助於全球化的發生：

　　　從全球性恐慌當中，我瞭解到任何一個能穿越世界而將世界及其文化多樣性化約成各種類屬——包括可口可樂、觀光業、外資、醫療援助、軍事防禦警戒區、流行以及國際貨幣市場——的作法。因為這些作法從未十分穩定，它們的動力包括去全球化（deglobalizing）的趨勢，這將被全球體系重新視爲對「世界秩序」的威脅。

（O'Neill 1992: 332）

　　歐尼爾舉愛滋病作爲全球性恐慌的例證。在技術層次上，愛滋病本身可被視爲一種「環境的」威脅，意即有機體是整體社會中物質環境的一部分，[3]這些恐慌會損

害國家作爲問題解決者的合法性，不僅因爲恐慌根本無國界之別，而且無法單憑個別國家就能解決。它們會剝奪（disempower）國家體制的權利。

民族國家的政治領袖面對驚惶的選民，唯一可能的回應方式是降低與國際協定有關的國家主權，著名實例包括在 1967-1982 年間簽署的核子測試禁令和非擴散條約以及各種海洋法協定、1985 年的維也納協定、以及 1987 年的蒙特婁條約草案。在蒙特婁條約草案中，各國政府同意限制含氯氟烴和一氧化碳的排放，這種作法把地球環境的某些特定領域重新安置在民族國家的領土主權範圍之外——這些特定領域會被重新界定爲「全球共有地」（global commons）（Vogler 1992），包括公海、海床、漁業、海中哺乳動物、衛星軌道、月球、電波、大氣、以及整個南極大陸，但隨其程度與施行的層次而有所不同。這些共有地一旦建立，倘如人們想保護它們不被無止盡的經濟剝削，就得施行國際規模的管理。

發展與不平等

上一章詳述世界經濟的核心在國際層次上的管理方

式──雖然金融市場現已分散化，但它們本來是透過國際貨幣基金會進行管理，貿易是由世界貿易組織（以前是貿易暨關稅總協定）管理，經濟政策則透過七大工業國（G7）進行協調。不過，這些協調機構都沒注意到哪些事項應被視爲全球政治經濟的核心問題，也就是構成全球政治經濟的各個次經濟體在收入和財富上出現的巨大差異，以及它們之間出現的支配與從屬關係。正如前幾章提及，貧富次經濟體之間愈來愈多的整合正傾向在全球層次上穩定階級體系。在過往的年代中，不平等的國際關係被視爲強權支配種族或社會的必然結果；在當前的環境裡，它們常在道德上令人生厭，不過更有問題的是它們具有瓦解全球整體經濟的能力。

全球不平等被視爲一個共同的政治問題。第一項證據是大多數資本主義富裕社會在 1950 和 1960 年代個別設立制度化的經援計畫。援助計畫一般會採取下述三個表面目標當中的一種：「表面上的解決」（band-aid）對人類生活和福祉造成的特定威脅（比如一時的飢荒）；透過資助水壩和製鋼廠這類策略性計畫來刺激地方經濟景氣的復甦；或者是打破社會或文化的發展障礙，包括引進節育計畫。財務移轉經常伴隨技術專家團隊和志願援助

工作者的進駐，最有名的例子是美國的和平工作團。這類發展援助通常不具有利他的屬性，也不會由受助國操控：發展援助的對象經常是支助國以前的殖民地或其既有勢力影響範圍內的國家；發展援助經常和軍事援助有關，這是支助國支持受助國執行特定意識型態的一種方式；而發展援助也經常堅持援助金必須指定用於購買來自支助國的產品。幾乎所有的支助國都會承諾要扶持受助國社會中的製品市場以及穩定而低廉的原料供應。

援助形成了窮國與富國之間的部分關係（包括貿易和負債），似乎強化了全球不平等。1970 年代之前的發展議題集中在這些關係當中的合法性危機——富國不再能用道德宣稱的方法來對待窮國。有兩個社會科學理論可以有效的把關係去合法化（Gilpin 1987: 274-88）。第一個是所謂的辛格－普林畢西（Singer-Prebisch）或結構主義的主張，指出富國擁有致力於技術進步的動態經濟（dynamic economies），其中專賣公司和有效的工會可以提高製成品的價格，此時窮國只有微弱的投資型態和紊亂的勞動力，這意謂商品價格有持續下降的壓力，也沒有誘因促使產業多角化。這種情況會產生一個一致的趨勢：製成品和原料之間的價格差距會愈來愈懸殊，使得

發展變得愈來愈不可能。對照之下，我們在第二章看過的依賴理論關注的是資本的配置。國際資本家有計畫的使用資本配置來控制低度發展國家的發展型態，而他們也主張，資本主義在發展程度較高的國家當中不可能發達，除非這些國家能夠有計畫的抑制本土的發展。

　　這些主張導致聯合國貿易暨發展會議資助的會議得以在 1974 年召開，普林畢西是當時的秘書長，該會議建立了上一章討論過的新國際經濟秩序。在這種狀況下，所有國家原則上同意善用援助，修正貿易上漸增的失衡，並在全球經濟管理機關內給予低度發展國家更多的權力。但是這些目標事實上僅有少數得以實現，正如我們所見，國際經濟秩序大體上已變得更為失序和分散。

和平與秩序

　　國際體系在 1945 年之前已遭遇兩次世界大戰和多次革命和經濟動盪的蹂躪。1648 年簽署的威士特伐里雅條約（Treaty of Westphalia）建立主權國家體系，這些相互競爭的主權國家可以隨意動用武力。該體系確保十九世紀泰半的和平，但現在顯然失敗了。此外，核武及其發

射系統的技術發展意謂將來爆發的全球戰爭代表對人類
整體生存的威脅。對資本主義或任何其他社會強權體系
來說，這個世界不再安全。

　　1945 年以戰勝國爲主共有 51 個國家在舊金山開會，
在一組具有強制力的規範基礎上，創立一個抑制國與國
產生衝突的新體系。這些國家咸同意的聯合國憲章原則
如下（Cassese 1991: 263）：

◆　禁止國家之間的戰爭和使用武力；
◆　聯合國安全理事會獨具動武權，而動用軍隊是
　　要維持集體安全並抑制侵略行爲；以及
◆　國家只有在抵禦外國入侵的情況下才得以使用
　　武力自衛。

　　很清楚的，除了兩個可疑的事件之外，聯合國從未
動用武力維護集體安全：在 1950 年代早期「協防」南韓
抵抗北韓及其中國盟友的入侵，以及在 1988 年「協防」
科威特抵抗伊拉克的侵略。這些事件之所以可疑，是因
爲聯合國以集體安全爲名，實際上爲美國及其盟邦的行
動提供正當化的保護傘。至於聯合國在其他方面的「維

護和平」工作，只不過是把不同主角分開而已，他未能
防止以色列／巴勒斯坦、阿富汗和最著名的越南戰爭等
大小戰役的發生。

　　雖然如此，聯合國體系還是代表威士特伐里雅國家
體系的長足進展，也清楚的證實和平與安全是全球共有
的問題，不能託付給國家之間私下簽定的條約，也不能
託付給任何意圖不明的霸權。此外，聯合國的存在已建
立一套溝通和規範架構，積極的控制最具破壞性的暴力
手段，包括 1961 年禁止核子試爆條約、1968 年的反核
子擴散條約、1970 和 1980 年代各種戰略武器削減協定、
以及赫爾辛基協定（Helsinki Accord）設立歐洲安全暨
合作會議（The European Council for Security and
Coopera-tion）。

　　將社會問題重新界定爲全球問題，將會在三方面損
害國家主權：

◆ 它更改個人的政治偏好；
◆ 它將民族國家作爲問題解決者的身份去合法
　化；
◆ 它設立新的國際組織，使國家主權的某些要素

逐漸被放棄。[4]

我們接下來檢視這些新興的全球組織。

國際組織

我們在本段檢視地球社會往全球化政體方向移動的程度。談到全球化的政體（globalized polity），可能讓人想到世界政府的形象——一個類似當今民族國家的中央集權國家，或者甚至是一個世界帝國。不過全球化政體可以不必變成這個樣子。一個全球化政體可以是一張包括各民族國家在內的多元權力中心網絡，經由手段而非命令進行協調。這些權力中心原則上可以彼此協調，因為他們的支配者分受同樣的規範與共同的利益，並在這些議題上尋求達成共識。不過這種觀點不會如其所現的那般浪漫樂觀，因為區域性的國家集團（如歐盟），以及大範圍的專業化利益聯盟現已在這般基礎上協調彼此的活動，然而這樣一種結果比政體更不可能被組織成市場，或者更精確的說是組織成數個市場。在這種情況下，分配的過程（例如福利、經濟發展、和平與安全、污染、

文化表演的分配過程）會被數個權力中心之間的競爭所
統理，採取的方式是透過金融或資訊的全球流動，而這
一切都是多重與複雜決策造就的結果。

　　在國際組織這個媒介中，會出現建立共識與相互競
爭的平行過程。政治科學家一般區分兩類國際組織：政
府間組織（inter-governmental organizations）與國際性非
政府組織（international non-governmental organizations）。
這兩類組織並不必然具有全球規模，而且可能只有涵蓋
兩個國家社會，然而，他們可以共同建構一個網狀的全
球網絡，透過該網絡進行目標設定和分配決策的流通。
政府間組織不只包括全部的國家組織，如聯合國或國際
電信聯盟，而且也能連結各政府體系當中的某些部分，
比如國會、中央銀行或環保署。在被界定為全球共同問
題的領域中，這類連結至為顯眼。依照全球化的說法，
國際性非政府組織的重要性大於政府間組織，因為它們
具有抗拒命令的複雜性質，會損害民族國家的特性，再
加上它們有能力連結世界各地具有共同目的和利益的人
們，對國界產生直接或間接的威脅，故使其難以駕馭。

　　許多人斷言國際組織約在 1920 年開始發展（例如
Archer 1983: 3; Giddens 1985: 261-2），早在此之前，以國

家作基礎的貿易、外交、殖民主義、軍事結盟與戰爭等
體系一直在引導國際關係的發展，只有郵政通訊和健康
管制才是先前真正的政府間組織活動。凡爾塞和平會議
是一個重要的轉捩點，它試圖在第一次世界大戰後創制
一國際秩序，採取的兩項主要措施包括：讓被瓜分的奧
匈帝國、鄂圖曼、普魯士和俄羅斯帝國得以成立國家；
以及設立國際聯盟（League of Nations），作為已存在的
三十幾個國際間組織的保護傘，並充當在和平與安全議
題上建立共識的場所。不過，由於倡導這項觀念的美國
轉向孤立主義，拒絕加入國聯，加上法西斯和共產國家
均非會員國，且該組織沒有可以自行動用的強制權，致
使國聯宣告失敗，在 1939 年第二次世界大戰爆發時瓦
解。

　　1945 年戰爭結束，標示一個更有效的政府間組織體
系出現，主要發展是聯合國（上一段討論過）及其附屬
機構的建立，包括糧食及農業組織、貿易暨發展會議、
教科文組織、兒童緊急基金會、善後救濟總署、世界衛
生組織、國際貨幣基金會、世界銀行、以及關稅暨貿易
協定（參考第四章），此外還有軍事聯盟體系，如中央條
約組織、北大西洋公約組織、東南亞公約組織以及華沙

公約組織（參考下文）。最近的發展包括與區域經濟合作
和貿易有關的政府間組織，以及有關監督環境退化與人
口控制的政府間組織。因此，從 1945 年以來，政府間組
織的數量呈現顯著上升，在 1992 年數量已逾 3,000（UIA
1992: 1671）。

　　國際性非政府組織的急速成長則更為顯著，麥克格
魯（1992b: 8）列舉數例說明其重要性與活動廣度，他們
包括環境壓力團體（例如地球之友、綠色和平、世界自
然基金會）、專業和學術協會（例如 Association of
Commonwealth Universities，國際社會學會）、宗教法庭
（religious forums）（例如普世教會協會、世界回教大
會）、運動組織（例如國際奧林匹克委員會、國際板球會
議）以及福利組織（例如紅十字會與紅新月會國際聯合
會、明愛）。在 1992 年以前，包括多國籍公司和商業國
際性非政府組織（Business INGOs）在內的這類組織約
有 15,000 個，他們共同組成一個超越民族國家的複雜且
難以統理的關係網絡。

　　檢視國家、政府間組織以及國際性非政府組織的成
長類型，可以證實全球化過程中的周期性類型，這是本
書通篇討論的對象。如圖 5.1 所示，在第一次世界大戰

之前，各個國家及其雙邊關係支配著國際體系，政府間
組織的數量非常少，而國際性非政府組織幾乎不存在。
在 1900-1925 年間，當這三種組織類型在數量和重要性
上均快速成長，全球體系也開始擴張。然而，在二十世
紀後半葉，世界被政府間組織支配，其中國家放棄相當
多的主權。約自 1960 年以降步入全球化的加速階段，國
際間非政府組織的快速成長是該時期的主要特徵，該階

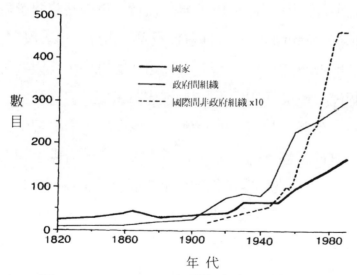

圖 5.1　　1820-1990 年間國家與國際組織的成長

資料來源：Giddens 1985: 264; McGrew 1992b: 8, 12

段的主要推力是文化特質，而不是物質或政治特質。[5] 國
際間非政府組織實際上究竟擁有多少權力，這個問題顯
然成為爭辯的重要論題，但其存在和擴張至少讓我們相
信，對於那些建構他們的個體來說，國際間非政府組織
無疑具有價值和功效。同樣清楚的是，各國政府不得不
認真地看待並處理政府間組織和國際性非政府組織。

三合一的世界

　　北美各大學校園在 1970 年代流行一種戰略賭博遊戲
（strategic gaming）。有二種遊戲賣得相當好──「民主」
以及名稱較不吉祥的「風險」。在這些遊戲中，參與者扮
演各個民族國家，可以不顧道德或忠誠來促進自身利益，
偶爾會玩到雙方起衝突的程度。十九世紀的國際關係是
這些遊戲最常涉入的情節，例如英國在拿破崙戰爭期間
與法國交鋒，但在四十年後的克里米亞半島上並肩作戰，
在 1870 年代的普法戰爭期間則保持中立。十九世紀當時
並沒有穩定的陣營或聯盟，甚至在十九世紀末出現的同
盟國（德國、奧匈帝國、義大利）和協約國（英國、法
國、俄羅斯帝國）都是為了處理特定問題所做的暫時且

倉促的結合。

結束第一次世界大戰所簽署的和平條約並未推動國際關係朝真正的全球方向前進，而是更鞏固了分裂的局勢。法國和英國試圖再度宣稱其搖搖欲墜的國際領導權，美國採行孤立主義，德國遭受掠奪和排擠，而俄羅斯帝國則被摒除在外。對當時所有的西方國家來說，包括中國和日本在內的世界其他地區是不存在的。國際關係在那個時期沒有一個世界性的焦點，各國試圖從國與國之間的的雙邊關係中謀取自身利益，而不是尋求建立一個利益均霑的全球體系。

第二次世界大戰很顯明的改變了這種觀點：首先，不管各民族國家選擇介入與否，全球衝突都會對其產生威脅（譬如珍珠港事件）；其次，只有堅定的聯盟帶來的集體安全才能確保各國免遭侵略；第三，排除或把其他民族國家弄窮的舉動經常導致局勢不穩定。三大戰勝國（英、美、俄）在戰爭結束時舉行雅爾達和波茨坦會議，清楚的把世界劃分成歸屬各戰勝國的數個領域，意圖建構一個國際關係的全球體系：中東歐分給蘇聯，西歐劃歸英、法、美，中東、非洲、南亞和東南亞分給英、法，而亞太地區和拉丁美洲則劃給美國。由於英、法兩國最

後在經濟和軍事上無力維繫其全球影響力，故而將其分
得的領域交予美國。

　　世界於是被美、蘇兩大強權支配，而其支配的方式
有三。首先，他們以核武、長程發射系統和快速部署軍
力全力武裝自己，使其力量得以伸展至全球，並和對方
處於相互威脅的狀態。其次，他們在其利益領域內建立
聯盟體系，設立保護性的緩衝區，用以緩和侵略並集結
各國武力。華沙公約組織是蘇聯支配的系統，統轄他在
東歐的一些「衛星」國家，而同時間還有美國控制的北
大西洋公約組織、西歐聯盟、東南亞的東南亞公約組織，
以及承繼自英國，聯合中亞各國的中央條約組織。第三，
他們對具有爭議的影響地區進行干預和競爭，其角力範
圍包括亞洲、非洲和拉丁美洲的部分地區。這些干預通
常包括直接的軍事入侵，例如美國介入韓戰和越戰，蘇
聯入侵阿富汗；不過較常見的形式是對同情政權採取忠
告、援助和軍事協助，而秘密行動也是方式之一。

　　全球在這些方式的區隔下分成東、西方兩個世界。
強權體系大部是是穩定的，兩強同意彼此尊重各自的勢
力範圍，譬如當俄軍在 1957 年和 1968 年分別開進匈牙
利和捷克鎮壓反動勢力時，西方僅是表達震驚，但並未

採取行動。此種自我約束的行爲受這般知識的強化：任
何展開核武攻擊的先發制人勢必無法充份摧毀敵人的軍
事能力，所以自己也難保不受對方的核武攻擊，這意謂
摧毀敵人將會摧毀地球。而這種必然性也對「冷戰」時
期的關際關係產生深遠影響，於是各強權執行一項「緩
和緊張關係」（détente）的外交形態，尋求爲其競爭建立
對等的規範。

　　正如上述提及的，競爭最強的地區發生在「第三世
界」——也就是非洲、亞洲和拉丁美洲的前殖民國家，
這些國家試圖將自己塑造成全球勢力的中立地區和替代
來源。由於窮困的關係，他們唯一的影響力來於自選擇
某一強權靠邊站，以對抗其他的強權，也就是說，這些
國家至少得「傾靠」美國或蘇聯。至於第三世界的運動
也鮮少具有凝聚力。儘管如此，許多國家仍設法維持中
庸的獨立外交政策。

　　在當今局勢中，這三個世界或是強權體系均呈現過
度分化，我們不再能清楚的加以辨別，反倒是出現一個
特別的體系——國際關係的主要基礎不再是軍事硬體的
所有權，而是經濟能力以及影響觀念和作出承諾的能力。
這些變遷的來源如下：

◆ 雖然蘇聯體系仍維持統籌經濟（command economy）並且是全球軍事重鎮，但事實證明它無法提供其人民近似西方的生活水平。蘇聯在 1989 年放棄控制市場民主迅速崛起的東歐，接著隨後進行民主化，聯邦制度也隨之瓦解（defederated），俄國不再被視為強權。許多前蘇聯共和國和從前的衛星國家現正尋求加入北大西洋公約組織，並希望成為歐盟的一員。

◆ 美國由於經濟衰退，無法維繫他對歐洲和東亞的影響力。美國產業的全球競爭力正逐漸衰弱，且其軍事預算在整個 1980 年代只能靠高度的赤字財政勉強維持。

◆ 新的權力中心出現在日本和歐盟。這種權力原初僅具經濟性質，但現已擴展到外交和軍事領域。

◆ 第三世界國家經歷快速的經濟分化，所以他們不再成為一個處於困境的同質性群體，這種分化隨著石油輸出國家組織的發展而開動（參考第四章），確保石油生產國國內生產毛額的增加。晚近的新興工業化國家經歷快速的工業化，

其利益和承諾已接近第一世界而非第三世界。

軍事行動結合維護和平任務則是這些發展的特定結
果，前者以北大西洋公約組織等防禦聯盟爲代表，後者
則以聯合國爲代表。最重要的實例是 1988 年伊拉克入侵
科威特之後，以美國爲首的遠征軍協助科威特收復失土。
這股力量顯然是西方資本主義結合傳統中東利益，在聯
合國的援助和安理會的制裁行動下進行運作。同樣的，
1990 年代早期歐洲和平部隊在前南斯拉夫執行任務的行
動究竟代表聯合國、北約組織還是歐盟，這也沒有清楚
的答案。不過這些發展確實指出，國家利益在許多情況
下會併入全球利益當中。

有三種理論可用來解釋這些發展。第一種解釋是「世
界新秩序」的出現，這是一種自由的建構，意謂強權的
消失，以及形成具有相對共識但卻高度分化的國家群，
懲罰出軌者與保護無防衛能力者是該秩序的目標。這顯
然是一個尋求降低利益和軍力差距的意識型態觀念。第
二種解釋認爲，美國是冷戰的贏家，而世界被未曾受到
挑戰的霸權所支配。說來奇怪，這種觀點似乎同時兼具
左派批評者和右派勝利者（rightist triumphalists）的特性，

它沒有從美國在越南、伊朗和索馬利亞挫敗的角度來看問題。美國之所以在科威特之役取得勝利，是憑藉盟國的軍事協助、聯合國的同意、俄國保持緘默，以及歐洲、日本和阿拉伯的財政援助。這暗指第三種解釋，也就是多極世界的出現。強權的支配已經消失，取而代之的是一種流動且高度分化的國際關係模式，該模式展現大量的混亂和不確定，而這種情況也會出現在金融市場中。

　　第三種解釋造成一個特定的結果，即證實此種新失序世界（newly disordered world）的到來，使國家的領域權和主權得進行再詮釋。前蘇聯各個共和國普遍被認定為國家，但他們幾無邊界而言，且沒有實質上的獨立。此處的困擾點在於國族（nationality）議題——以波羅的海各國為例，只要他們境內還存在為數可觀的俄籍少數民族，他們就無法完全脫離俄國。民族的壓力同樣也以不同方式在前南斯拉夫和前捷克展現，致使其分解成幾無國界的國族。這項發展類似歐盟的形成方式，但與北美自由貿易區較不相同。歐盟正試圖移除關稅障礙、檢查和護照控制，也試圖在大陸層次上集結像是公民權這類的國家規範。同樣的，在蘇格蘭、法蘭德斯、加泰隆尼亞和倫巴底等地，歐盟的各個民族國家正經歷少數民

族的民族主義復興。大致說來，強權秩序的權力政治強加在「國家－社群－民族－領土」的堅固連結現已廣受質疑。

新的政治文化

只要出現一個跨社會的共同政治文化，無國界世界的可能性就會提升。只要各政府共享意識型態的承諾和利益，他們將有更好的準備去瞭解國家主權的集合與分散，也能拆解各國之間的保護和防禦障礙。

主張單一政治文化的出現，鼓吹最力者當屬福山（Fukuyama 1992）和杭亭頓（Huntington 1991）兩人。此處我們無需涉及福山的理論解釋，因為這是一種對黑格爾本質論的說明，斷言人類對個人「認知」的渴望會驅動整個歷史朝向這種單一性。我們可以進一步關注他所陳述的實證立場。就像杭亭頓一樣，福山主張世界各國家社會已經或正在往自由民主的政治文化方向移動，這樣一種文化的中心概念是：第一，個人在特定思想和行動領域中應擁有自主權，譬如正當的法律程序、表達政治或宗教觀念的言論和出版權利、身體的控制權以及

擁有和處分財產的權利；第二，任何政體的成員應該有權選擇和參與自己的政府，他們的選擇具有同等效力，且參與機會人人相同（Fukuyama 1992: 42-3）。可能引起爭議的是，他十分清楚自由民主意謂著對市場資本主義的承諾，因爲這樣的情況才能確保個人在經濟領域中的權利。他也強調文化比自由民主的實踐來得重要。他以勝利者的語調斷言：「勝利究竟爲何……不是自由的實踐，而是自由的觀念。意即，對絕大部分的世界來說，現在沒有一種自詡具有普遍性的意識型態能挑戰自由民主」（1992: 45）。[6]

　　自由民主浪潮襲捲全球，但卻被一波波退浪屢次打斷，這些退浪起始於十七和十八世紀在歐洲和美洲的自由革命。不過，自由民主在 1950-1975 這段時間，也就是在全球化加速期出現主要進展。右派和左派的權威政體在這段時期開始陸續瓦解，西班牙、葡萄牙、希臘和土耳其的法西斯主義和軍事獨裁政權在 1970 年代下台，拉丁美洲的前獨裁國家在 1980 年代建立民主政體；韓國、菲律賓、台灣和泰國也朝此方向前進；而文化也很有希望在南非和非洲大陸其他地區生根。福山主張，合法性危機已使這些國家的獨裁政權搖搖欲墜，他們的政

府不再被視爲代表整個社會。至於 1980 和 1990 年代國家社會主義政權的崩解和衰退更富戲劇性。福山和杭亭頓就此認爲，沒有自由的資本主義制度，就無法獲致經濟繁榮，但在面對盛行的全球民主規範時，他們同樣強調權威政權的合法性議題（特別參考 Huntington 1991: 106）。

這些發展的結果如圖 5.2 所示。全球體系中自由民主國家的數目在 1975-1991 年倍增，使當今世界上約有 60 個大型社會是民主政體，主要的例外包括東亞的社會主義國家，以及回教的神權政體、君主政體和軍事獨裁國家。不過後者也展現某種自由民主的特質——例如伊朗有民主而無自由，人民擁有相對的自由並能從事公平的選舉，但卻沒有權利；中國顯然不是民主國家，但是在經濟領域上卻保持自由化；同樣的，新加坡和香港的民主慣習在某些方面一直受到質疑，但其自由卻不容置疑。不過這份資料沒有把前南斯拉夫、前蘇聯或南非最近的發展結果納入。

然而，我們也得考量各自由民主國家之間可能存在的文化變異——以瑞典爲例，高度的國家干預和個人課稅在過去一直深受重視，而美國則傾向重視個人的自主

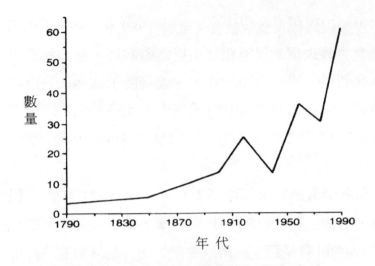

圖 5.2　1790-1990 年的自由民主國家數量：

福山和杭亭頓的估計

資料來源：Fukuyama 1992: 49-50

性凌駕條件均等（equality of condition）。此處也有文化
聚合的例證，一種朝向殷格哈特（Inglehart 1990）所稱
後物質主義價值（post-materialist values）興起的文化正
在轉變中。自由民主國家的傳統政治焦點是物質價值，
以及與貨品和服務的分配與再分配有關的議題。「右派」
（right）或稱保守陣營，以及「左派」（left）或稱社會
民主陣營是政治中典型的畫分，前者強調保存財產所有

權，以及市場中的合約自由，經常與專制政治的福利主
義（paternalistic welfarism）結合在一起；後者是一個國
家干預主義的福利體系，強調在更平等的基礎上進行財
產和收入的重分配，並對市場進行管制。後物質主義價
值則強調社群、自我表現和生活品質，此處對政治價值
的劃分出現在「新右派」和「新左派」之間，前者強調
個人自主性、消費權和政府極小主義（minimalism），後
者強調少數民族的賦權，以及人類彼此之間、人類與環
境之間的利益相互依存。殷格哈特估計，到 1970 年代為
止，在西歐、北美和日本的自由民主核心集團中，後物
質主義者在數量上多於物質主義者。

　　現在有個問題來了，為什麼這種價值轉變應被視為
全球化趨勢？答案是它有助於上述論及的多項發展。在
物質主義的價值衝突中，主要的議題是國家角色及其代
表某階級利益或其他階級利益的方式。國家在此是政治
關注的焦點，只要政黨能藉此提升其支持度，則國家的
結構將更形擴大。不過國家在後物質主義政治中是有問
題的：新右派將之視為個人自由的違犯者，以及市場的
扭曲者；新左派則將之視為一激進物質主義的代理人，
以及在司法上（juridificational）控制人口及少數團體的

手段。更重要的是，後物質主義將政治注意力擺在跨社會議題上，也就是上述提及的地球問題，它指出像「個人」、「生命」、「人類」以及「地球」這類現象學上的全球化語詞，明白表示著地球住民的普遍性條件，而不是與敵對階級針對財產所有權或酬賞分配進行鬥爭的特定條件。

結論：一個全球政體？

　　跟上一章一樣，表 5.1 透過比較全球化政體的理想典型與事務的當前狀態在各領域呈現的面貌，嘗試評估國家在政治全球化當中的角色扮演。政治全球化具有一個重要且顯著的特質：沒有任何政治領域出現類似金融市場這般極高度的全球化。政治全球化在國際關係和政治文化的領域中最發達，但是國家仍然對政治全球化抱持高度的抗拒，特別是有關主權和解決問題的重要領域。一個可能的解釋是，政治是高度的屬地活動（territorial activity），而組織性的民族國家是在領土上建立主權的最有效方式。全球化是一個含有空間指稱的過程，但弔詭的是這種過程卻會威脅領土主權。國家可能因而成為抗

表 5.1　政治全球化一覽表

面　　向	全球化的理想典型	事務的現今狀態
國家主權	沒有主權國家，在全球、地方及其中間這三個層次出現多個權力中心。	國家出現危機且呈現衰退，有跡象顯示國家權力出現集合與分散的情況。
解決問題的焦點	地方議題存在於全球社群的脈絡中。	焦點逐漸擺在全球與在地的連結，但社會性社群可能仍舊重要。
國際組織	強而有力的支配各種國家組織。	快速增加但權力相對較小。
國際關係	流動的和多元中心的。	超級強權體系減弱。
政治文化	共同的和全球的超越國家中心的價值承諾。	自由民主／後物質主義的進步。

拒全球化趨勢的最後堡壘，以及全球化趨勢最終效能的重要指標。假如國家在全球化潮流下存活下來，它已不復今日的面貌。

　　國家的根基被削弱，這種去國家化確實已經發生。從本章的論點來看，這種情況必須被視為一種文化發展。物質交換在地化、權力交換國際化以及符號交換全球化的原理因而能獲得相當程度的確認。民族國家／國際關

係體系的擴張把地球表面的領土和單一類型的各個政治
實體組織起來，這項進程有助於全球化，但卻還不是真
正的全球化，因為仍有邊界橫梗在不同社會的人們之間，
使其交往仍有障礙。這些邊界現在被先驗的文化項目所
破壞，由於這些文化項目可以透過符號媒體傳達，所以
無需顧慮邊界。自由民主與後物質主義價值的擴散並不
是各社會特有的發展，而是由某社會傳送到其他社會。
那些質疑文化有效性的人可能希望比較流血和暴力革命
以及不流血的「柔性革命」（velvet revolutions），前者從
十七世紀到十八世紀建立了民族國家，後者則發生於二
十世紀末三十年。這些全都指出完全的政治全球化真有
其可能性。

6 新世界失序：文化全球化

將不會再有「那裡」，我們全都在這裡。
MCI 電訊廣告

前幾章宣稱，全球化在以符號為中介的關係脈絡中進行得最為快速，經濟全球化因而在以貨幣標誌（monetary tokens）為中介的金融市場中最發達，且到達生產去物質化的程度。至於政治全球化也進行到這般程度：重視世界性的普世價值與問題，而不是對物質利益的許諾。前幾章也補充，符號交換——也就是以價值、偏好與品味為基礎，而不是以物質不平等和限制為基礎的關係——逐漸取代經濟和政治領域中的物質交換和權力交換。根據這些主張，全球化可能被視為社會生活逐漸「文化化」（culturalization）的某個面向。

文化作為一個有別於經濟和政治的領域，雖然沒有完全地全球化，但是它還是比其他兩個領域更具全球化傾向，這在宗教領域中特別明顯。數世紀以來，世界上偉大的宗教，諸如佛教、基督教、儒教、回教和印度教，

都提供信徒一套凌駕國家與經濟之上的普世價值與忠誠。譬如在中世紀世界中，基督教國家被視爲現世的上帝王國；而回教也取代了國家，成爲一個物質和政治利益的社會共同體。的確，在十三、十四世紀時，這兩個神權單位爲了佔有其共同聖地而產生衝突。這些宗教特別具有全球化的使命感，他們採取任何可能的壓迫，試圖讓異教或異端者改信其宗教，其中一項策略是與具有全球野心的擴張性帝國（例如阿拉伯帝國、不列顛帝國、神聖羅馬帝國和鄂圖曼帝國）結盟，助其信仰體系邁出原有的範圍。

　　現代化和資本主義的興起通常會對這些大型普世宗教產生威脅，或使其黯然失色。不過，自由民主國家和資本主義經濟體系的出現也會帶來普世價值，國家帶來對民主、公民權、愛國心和福利的許諾，而資本主義則帶來對工具理性、貪欲、個人主義、以及個人隱私和財產隱私的許諾。在二十世紀裡，這些價值體系的各面向之間發生衝突，在同樣具有普世意義且經常是擴張性的政經意識型態脈絡中上演，諸如共產主義、保守主義、法西斯主義、自由主義和社會主義等等。這些主義如同基督教和回教一樣，都宣稱自己具普遍的全球重要性，

故其追隨者發起並熱衷投入各項運動，期能建立用以組織個體價值和偏好的單一原則，作為全球社會組織的正當性基礎。

不過，如同我們在前幾章所做的，我們必須了結前言討論中可能引發的錯誤觀念。全球化當今處於加速階段，這並未指涉任何這些「大敘事」（metanarratives）的勝利和主權支配（Lyotard 1984），而是指涉其消失。一個已全球化的文化呈現的是失序而非秩序——它是整合且彼此連結的，好讓其各個構成要素的意義可以彼此「相對化」，而不是統一或集中化的。完全的文化全球化需要創造一個共同的但卻過度分殊化的價值、品味和流行機會（style opportunities）領域，且每個個體都能為了自我表現或消費的目的而自由接近這些領域。在一個全球化的文化制度下，回教不會只和中東、北非和亞洲的某些特定屬地社群產生連結，而是世界各地普遍都有連結的機會，端視其「正統」（orthodoxy）程度而定，這種現象確實傾向發生。同樣的，在政治意識型態的領域中，私人財產與權力共享這兩種表面上對立的政治價值可能合而為一，建立經濟企業新的意識型態，而這種情況也確實發生。一個全球化的文化以機動的個體、象徵標誌

和電子模擬作中介，讓觀念、資訊、承諾、價值和品味持續的流動。

　　正如費瑟史東（Featherstone 1990: 6）的主張，這些流動給予全球化的文化一個特別的形貌。首先，它把從前被壓縮的和同質的各個文化利基(niches)結合在一起，促使其彼此相對化，這種相對化可能吸收其他文化的某些構成要素，或者採取反思的自我檢視形式，其中的基本原則在面臨威脅性的替換物時會被再次宣稱。其次，它考慮到真正跨國文化的發展無需連結到任何特定的民族國家－社會，這是一種新的或融合的情勢。亞布得里有關全球文化經濟的主張（1990）愈來愈具有影響力，他指出這些發展發生於數個重要領域。這些領域都加了個「風貌」（scape）的字尾，意即它們是人們從文化客體的流動中察覺到有關社會世界的全球化心智圖像。這些流動包括：族群風貌（ethnoscapes），即流動性個體（觀光客、移民、難民等等）的分布；技術風貌（technoscapes），即科技的分佈；金融風貌（finanscapes），即資本的分佈；媒體風貌（mediascapes），即資訊的分佈；以及意識型態風貌（ideoscapes），即政治觀念和價值（例如自由、民主、人權）的分佈。前述各章已討論過這些流動當中的

某些部分，至於其他部分將在此討論，我們從亞布得里所稱的「神聖風貌」（sacriscapes）開始檢視，探討宗教觀念和價值的分佈。

基本教義主義與普世主義

正如上述介紹所指出的，普世宗教（universalistic religions）宣稱世界是由一位上帝所創建，而人是一種存在的共同形式，關係到上帝是朝向全球化的一股根本的長久驅動力。這種說法導致這種主張：人類建構一個不重視地理位置和政治領土的單一社群。在各個普世宗教之中，亞伯拉罕對基督教和回教的衍生信仰由於投入改變他人宗教信仰的佈道工作，故而被證實為最有效的全球化執行者（globalizers），這在回教當中尤其明顯。回教的現世目標是建立一個由僧侶統治的信仰社群（Umma），信徒嚴格的遵循可蘭經載明的習俗，投入一場對抗無信仰者的聖戰（Turner 1991: 169）。在這種神學的支持下，阿拉伯和鄂圖曼帝國從十二到十五世紀不斷進行擴張，不僅將其征服的「國家」放進一個統一的文化體系，而且還讓回教與基督教有所接觸，促使這兩種

信仰及其相關文化彼此採取某種相對化措施。的確,基督教國家未能成功地控制聖地,傳教範圍也無力超越歐洲地區,這些因素可能促成宗教改革以及西方全球化過程的進一步迸發。

對許多人來說,此一過程起始於高度普遍但卻具有排他性的猶太教信仰溫床。正如朗(Long 1991)所指出的,由於猶太教的特殊神寵論(particularisms)(特別是上帝與其選民之間的聖約以及許諾之地的觀念)太過強烈,也缺乏皈依的傳教任務,故而無法促進全球化。但是對基督教和回教來說,猶太教的普遍主義是非常重要的助因,包括如下觀念:存在一位單一和抽象的上帝、世界上每個人都有單一的價值參照(value-reference)、以及上帝提出單一一組法律和道德律法。早期的基督教唯有採用這些普遍性要素,實際上才能融合猶太教的一神論與希臘人的人本主義(基督由此神格化)和羅馬的帝國主義(Strange 1991)。的確,基督教擴張的過程中有兩項重要的構成要素——使用希臘語(這段時間是混合語時期),及其最後與羅馬帝國王朝結盟。

此後的一千年,基督教不再是一項純粹的文化運動,而較近似於一種政治意識型態。其全球化後果是把部落

的佃農併入各個大規模的政治體系當中，並藉由指明社
會秩序是注定的，以及任何個人與上帝之間的關係必須
透過神職階級作爲中介等說法來正當化這項併入行動。
在這種宗教制度下，良心純然是集體性的，而現世的定
位幾乎完全朝向維持內在的社會秩序，一直到伊比利人
在美洲建立殖民地，❶它才再一次開始發展改信的佈道工
作（Muldoon 1991）。但是一個更新且更重要的全球化宗
教力量在那個時候已然浮現。

　　在西方全球化趨勢的發展過程中，宗教改革在兩方
面展現其重要性。首先，基督教總是虛構國家與教會之
間的權力關係（例如有關基督教國家的觀念），致使國王
與其名義上精神歸依的教皇之間一直存在許多管轄權的
衝突。宗教改革以兩種方式解決這項爭端——把教會附
屬於國家之下（譬如英國）；或把國家世俗化（譬如美國
和法國共和政體（republican France）。國家現在仰仗的
是民族主義或自由主義的政治合法性，而不是宗教合法
性，於是國家的權力才得以出現和提升，而這正是國際
化的先決條件（參考第五章）。

　　其次，中世紀的基督教也維持某種顯著的特殊主義，

---

❶ 譯註：伊比利人係指西班牙和葡萄牙人。

有些人被視爲較其他人更親近上帝（例如君權神授觀），
且與上帝的關係得以神職人員作中介。新教教義把普遍
主義提升到新層次，主張每個個體都可藉由禱告、良心
和信仰等方式與上帝維持直接關係，故而斷言：在與上
帝的關係上，眾生是平等的，救贖與否並不決定於個人
是否加入一個宗教性的規律政治社群，地球上的任何住
民只要有信仰行動，當下就能成爲一名基督徒。基此信
念，新教的傳教士在十九世紀走遍世界各地，向地球住
民傳達此項新消息，而天主教的傳教士也緊跟在後。

　　因此，不論是新教或改良後的舊教，與西方現代性
有關的宗教都是高度世俗化且私己化（privatized）。譬如，
它指明政治和經濟行動的道德不受一般原則和公共原則
管轄，而是由個別從事者的良心所管轄。戰爭和經濟剝
削因此都得到寬恕，因爲基督教假定政治家和企業領袖
在行動之前都計算過個人的道德微積分。只要資本主義
和民族國家是全球化當中的重要形貌，宗教改革便會將
它們從文化限制中解放出來。不過拜爾（Beyer 1990）
鼓勵我們強調新教教義對全球化的積極貢獻。在中世紀
的基督教和回教當中，領土經常在善惡之間、在被救贖
者與被詛咒者之間、或在信仰者與異教徒之間進行劃分，

生活在社群內部這塊共同空間的是好人，在外邊的是壞人。但是只要信仰和善意是個人的良心問題，隔壁鄰居就不需要在道德上非得像自己這般健全不可。而忠實的社群廣佈於全球各地，不會限定在某個地方，於是新教在擁抱個人主義時，挑戰了空間上的限制。

　　一直要到 1950-1975 年間，西方現代性影響下的宗教才仿效個別化的新教類型。傳統的社會學家用我們熟知的世俗化理論去詮釋它，認為宗教信仰和慣行正傾向在時空中產生分離（譬如只有在教堂、只在星期日），愈來愈不具有敘事神話學（narrative mythologies）導向，而是抽象的哲學原理；至於個人則愈來愈不具有宗教性，甚至與宗教無關。有兩種相關的經驗發展現正挑戰世俗化理論：首先，有些徵兆顯示，在許多社會中，宗教信仰的衰微正穩定下來，抑或反向而行（參考 Duke and Johnson 1989）；其次，基本教義派轉型的浪潮正使得舊式的普世宗教復活。

　　這些發展源自於現代化／後現代化與全球化（Lechner 1989, 1992; Robertson 1992: 164-81）。傳統的社會學經常斷言現代化破壞意義體系的連帶，因為它孤立了個人與家庭，分裂了社群，並否定神聖的關聯以及

實質價值的關聯。千禧年運動經常試圖抗拒過度的現代化，但是它卻無力提供短暫的、個人化的物質滿足，也無法保證物質發展在未來能不斷擴張。然而，只要通往物質成功的路徑不再被清楚界定，只要集體的社會環境（階級、福特主義企業、國家）變得衰弱，後現代化（Harvey 1989; Crook *et al.* 1992）甚至會消解了現代性提供的確定性，繼而加速找尋一個單一且經常被迷思化的真理，援用到所有的社會民德與慣行。基本教義派宗教和種族運動從而回應後現代過度分化的傾向，萊赫納（Lechner 1990: 79）將其描述爲：「集體行動的一種價值導向的、反現代的與去分化的形式——這種社會文化運動的目標是根據一組特殊的絕對價值來重組所有的生活領域。」

　　全球化也直接和間接地促進基本教義主義的世界性發展，它的間接影響既不構成單純的文化模仿，也無法融合來自不同傳統的共同要素，因爲它把現代化和後現代化的不滿（discontents）帶入先前可能被壓縮過的宗教傳統中。正如羅伯森所言，宗教體系不得不相對化自身，以因應全球後現代化潮流，這種相對化可能包含採納後現代化模式——一種抽象的和人本主義的普世主義（humanistic ecumenism），但是它也可以拒絕找尋原初

的傳統。

　　但是直接影響也存在著。萊赫納（1991: 276-8）指
出全球化擁有數項與現代性無關的特徵，這些特徵加速
宗教和其他相對化形式的進行。它們包括：

◆ 西方文化的普遍化過程需要在地特殊主義用自
　 己的說法將其正當化（例如回教信仰社群在面
　 對西方宣稱的人權、市場民主與婦女地位時，
　 必須強化自身並進行辯護）；
◆ 民族國家－社會的全球化否定效忠教會或上帝
　 的正當性；
◆ 世俗化和抽象的法律是社會秩序的基礎；
◆ 確認這項事實：世界是多元的，被自由意志所
　 作的選擇驅動著，且世界上不存在一個單一而
　 優越的文化。

　　然而，面對全球化和後現代化的壓力，基本教義主
義不是唯一可能的宗教回應。在 1960 和 1970 年代這段
期間，基督教經歷普世教聯運動（ecumenical movement），
各教派和教會之間增加對話，試圖發現共同的原則與承

諾，以利彼此的統一。某些教派，特別是個人主義的新
教教派確實出現融合，但是最後卻造成宗教信仰變得更
抽象，變得世俗化和私己化，令許多「傳統主義者」
（traditionalists）頗感不快，並視之爲威脅，所以這個普
世教聯運動本身便拔擢 Lefevbre group of Tridentinist
Catholics 這類基本教義派系。不過，最重要的復興運動，
也就是基本教義派宗教運動在規模上更爲巨大，我們現
在可以檢視其中某些最重要的全球化面向。

　　基督徒新權利運動（New Christian Right）在美國的
發展也許是最值得社會學分析的例證。這個籠統的語詞
事實上指涉純正的基本教義派新教徒結合來自聖公會和
天主教教會的傳統主義者，試圖在下述各方面影響政策
的制定與施行：努力降低道德和性愛的縱容、透過州政
府廣爲宣揚基督教符號、實施「上帝創造人類靈魂說」
（creationist）教育、將墮胎視爲非法、以及用鎮壓的態
度面對犯罪和其他的「偏差」形式。該運動的核心是稱
爲「道德的大多數」（Moral Majority）的新教徒團體，
由 Jerry Falwell 領導，類似團體還有北愛爾蘭的 Paisleyite
新教團體，以及 Fred Nile 的 "call to Australia" 運動。
雖然它的會員很少，但是透過成功的電視佈道，卻讓其

效果大增，Billy Graham、Oral Roberts、Jimmy Swaggart
和 Jim Bakker 等魅力型人物大量傳達基本教義派的信
息，雖然這些訊息很少直接具有政治性。基督徒新權利
運動為 1980-91 年雷根和布希的政權與意識型態的建立
貢獻卓著，1987 年 Robertson 以總統候選人的身份展現
的影響更為直接。更重要的是，福音廣播透過短波收音
機和衛星電視已穿越美國國界。三大國際基督教廣播電
臺每個禮拜以 125 種語言製播 20,000 個鐘頭的節目，使
其成為最大宗的跨國廣播節目（Haddon 1991: 232, 240）。
雖然其影響不易評估，但這類廣播只能增進美國基本教
義派新教徒在拉丁美洲和非洲新一波的改信工作。

　　不過，全球化的相對化效應最佳例證當屬 1970 年代
開始的回教基本教義派復興運動。正如唐納（Turner
1991）所指出的，回教世界直到那個時候還是被世俗的
民族主義和社會主義的政治運動所支配。然而，西方的
現代化在回教世界當中不論是以資本主義形式展現（例
如利比亞、伊朗、巴基斯坦），或以馬克思主義形式展現
（例如阿爾及利亞、埃及），都未能履行物質利益或前後
連貫的意義體系。的確，快速的工業化和都市化似乎只
造成老百姓和政治菁英之間極度的不平等。回教所有的

基本教義派全都反對西方的現代化和世俗主義，某些人
士或活動的反對程度尤其劇烈：伊朗的神職人員、何梅
尼（Ayotollah Khomeini）、巴基斯坦齊亞哈克（Zia-ul-
Haq）將軍的獨裁、馬來西亞回教的復興、以及中東的
回教界和 Hezbollah 的活動。這些人要求「伊斯蘭化」
（Islamization），創造僧侶統制的信仰社群，使教育能以
聖書爲中心，讓經濟體系是以重分配爲取向而不是獲利
取向，將伊斯蘭教法取代世俗法律，並讓文化產品（音
樂、電視節目）成爲禁慾之物（Turner 1991: 175）。同時，
全球化透過匯款、軍事干預、恐怖主義、媒介訊息和麥
加朝聖等動作，串連世界社群的各個構成部分，使泛回
教運動成爲可能。

　　在全球化脈絡中，有兩個遠東的基本教義派運動也
是相當重要。在某個層次上，日本的佛教復興主義運動
──創價學會（Soka Gakkai）（Shupe 1991）被歸類爲基
本教義派，它強調傳統的鄉村價值，要求國家在面對西
方衰微時必須振興，而它也是個鬥志昂揚的福音傳播者，
有「成爲世界宗教的全球宏願，宣告一個沒有戰爭的千
禧年即將到來」（Shupe 1991: 191），它採取國際立場，
尋求促成廢除核武軍備。創價學會透過全國性的復興計

畫，使其於 1940 和 1950 年代獲得初步的成功，但是最
近爲回應其全球服務範圍的擴大，故大舉擴張。而文鮮
明（Sun Myung Moon）的統一教（Unification Church）
神學的全球化程度更深。統一教是 1954 年在韓國發跡的
基督教基本教義主義，在 1970 年代傳到西方（Barker
1991），其目標是重建現世的天國，該社群將成爲具有下
列特質的神權國家：

> 世界上將沒有無神論共產主義的容身之處，不再
> 有色情。性活動將限定在婚姻內，犯罪將會急劇
> 減少……戰爭將被根除，剝削……將屬於歷史，
> 種族歧視將會消失——我們將不再需要護照。
>
> （Barker 1991: 202）

　　在連結在地與全球的過程中，文鮮明的神學似乎具
體化了社會學的全球化理論。統一不是大型政治行動的
結果，而是個人內心和家庭習慣改變的後果。爲了確保
相容性並以上帝爲中心，文鮮明撮合婚姻。只要以上帝
爲中心的家庭得以創立，全球統一將會持續進行。

世界主義

　　社會學在擁抱世俗化理論時，採取這樣的觀點：在文明的現代性當中，宗教對社會的「不理性」影響將會被抑制。社會生活的第二個可能被視爲不理性且具有威脅性的面向是種族性（ethnicity）及其政治表現——民族主義（nationalism）。從某個觀點看來，在民族國家的理性主義結構範圍內，種族的忠誠和承諾一直被「教化」（civilized），但有一個引人注目的主張是，民族國家實際上把種族性納入國家計畫當中進行管理，藉此將民族主義的力量釋放到世界上（Hobsbawm 1992）。

　　在前現代世界中，種族性是有關部落制（tribalism）認同的一個理所當然的構成要素——涂爾幹有關機械連帶的見解即爲一適當的概念化。它在政治上也沒有什麼問題，因爲沒有社會技術可以成功地把大規模的帝國和封建君主政治體系以及大規模的宗教文化連結到在地慣行。中世紀文化事實上是高度分裂的，以致於少數種族鬆散的聯合即能構成政治單位，而大規模的歐陸帝國只有容忍種族多樣性才能生存。雖然地方正式的歸順中央，且對其負有徵兵和課稅的義務，但是經濟活動和文化表

現是在地方基礎上加以組織。此外，當種族性流入彼此的邊界，領土便無法正式的配置。

種族（ethnie）與民族（nation）之間的連結是人類蓄意的建構，藉由提升政治階級，試圖取代封建專制。從十八世紀末以來，有些人嘗試跨出歐洲並在世界其他地方提升民族意識，俾益形成新而現代形式的政治組織，也就是民族國家。安德森（Anderson 1983）用馬克思主義的詮釋方式，把國家視為「想像的社群」（imagined communities），與階級的「真實的社群」（real communities）完全不同，該詮釋已成為這方面正統的概念化。霍布斯邦（Hobsbawm 1992: 188）主張，早期民族主義運動的目標是在「人民（種族）－國家－民族－政府」這四個參照點當中，也就是在共有的認同、政治體系、社群和政府之間找出一致性。我們也可以額外加入「領土」這項重要的構成要素，特別是當民族主義試圖透過國家建立具有排他性的領土占有時，「領土」要素更不容忽略。然而，這種民族主義幾乎總是具有意識型態的性格，因為這五個參照點之間鮮少出現準確的相同關係，只有像德國法西斯主義這類非常極端的民族主義形式，才能藉由嘗試併入外部的種族和消滅內部的少數團體，

來達成準確的一致性。霍布斯邦（1992: 186）估計，在
當今 180 個民族國家當中，符合單一種族或語言團體的
民族國家數目不到 12 個。霍爾（Hall）認為這種說法過
於高估：「現代國家全都是文化的混合物」（1992b: 297）。

　　領導民族主義的政治和知識菁英投身一系列的意識
型態實踐，試圖把民族描寫成一個社會、空間與歷史事
實，而該事實是真實的、連續的且具有意義。霍爾（1992b:
293-5）指出五項這類實踐：

◆　他們談論民族的各種故事或歷史，指出經驗、
　　勝利和奮鬥的共同性。這些例證多得不勝枚舉，
　　譬如美國西部的拓荒冒險、愛爾蘭人奮勇抵抗
　　饑荒和英國地主、波爾人的大遷徙（the Great
　　Trek of the Boers）、以及澳洲軍隊在加里波里
　　（Galli-poli）戰役落敗。❷這些故事給予人們一

---

❷ 譯註：所謂的波爾人大遷徙係指原本在南非開普殖民地的荷蘭農
　人（也就是波耳人），在後進的英國殖民者進駐之後，被迫在 1836
　年北移的事件，當時有數以千計的波耳人坐著牛車向北部出發，到
　內陸找尋新的土地。而澳軍的加里波里戰役是指在第一次世界大戰
　時，澳軍以大英國協澳紐聯軍一員的名義參戰，這是澳洲踏出獨立
　的第一步，而 1915 年加里波里一役澳軍死傷慘重，在原本的 500
　萬人口中，戰死或失蹤者有 6 萬多人，幾乎每個家庭都有人戰死。

種共同和持續的傳統情感。

◆ 他們斷言民族性格，比如英國人講究公平競爭，日本人重榮譽，中國人講求勤奮和尊敬權威，加拿大人的禮節，愛爾蘭人的殉道，或澳洲人的夥伴關係（mateship）。民族性格給予民族一種獨立於歷史的永恆感。

◆ 他們發明新的儀式、盛會與象徵類型，作為民族的集體表現。這些類型包括旗幟、英雄、民族榮譽制度、特別日、國葬等等。某些菁英會創作或復興語言，愛爾蘭和色列即為實例。

◆ 他們創造出基本的神話和傳說，將民族置於歷史「之外」，並賦予它一個擬似神聖的性格，以及一種獨創感。例如英國人的卡默洛特（Came-lot）故事，德國人的德意志神話的復興，牙買加島民的拉斯特法里主義（Rastafarianism），❸以及現代和古代希臘之間可能出現的連結。

◆ 他們會推動共同養育甚至是純粹種族的觀念，

❸ 譯註：卡默洛特是指亞瑟王傳奇中英王亞瑟的宮廷及著名的圓桌所在地。而拉斯特法里主義係指相信黑人是上帝的選民，伊索比亞是聖地。

　　最明顯的例證是納粹提倡德國國民的觀念，但
是英國人把自己說成島國種族，卻認爲馬來人
是土地之子（Bumiputras）。**❹**

　　必須強調的是，不管是十九世紀歐洲民族國家的興
起，還是當代新興國家試圖從西方政治與經濟帝國主義
中解放，上述這些實踐在這兩個時期中同樣顯而易見。
福斯特（Foster 1991）注意到，太平洋島國反對西方，
強調神秘主義的智慧以及社會與環境的和諧，但實際上
卻建基於西方的「高貴的野蠻人」（noble savage）概念。
　　最後一個例子告訴我們，民族主義同時是一個已然
全球化和正在全球化的現象。它是文化的構成要素之一，
已被傳送到全球各地，成爲「國際化」過程的一部分（第
五章討論過）。各個民族國家的建立提供了一個基礎，讓
各社會可以在此基礎上彼此連結。但是伴隨民族主義而
來的是一個更廣的政治文化，正如我們已見到的，這個
政治文化也被廣泛採用。該文化包括合理而公平的管理、
政治的表現和可計算性、以及提升集體的物質福利。

---

❹ 譯註：英國曾統治馬來西亞和新加坡等地近 150 年之久，當時稱
爲海峽殖民地。

　　全球化現今的加速現象在某種層次上可能動搖了原本穩定的種族性。先前數章討論經濟過程的整合程度漸增，以及政治實踐的內在連結性漸增，而本章後續數段則探討一個共同全球生活型態的出現，以及思想透過電子傳播和個人流動而快速傳達。有人可能會問，種族認同如何可能在這種攻擊後續存？想回答這個問題，就得將本書強調的論點謹記於心：全球化不必然意謂同質化或整合，只不過意謂較大的連結和去領土化，因而能讓種族多元性共存的程度增加，但是種族性並不是連結到任何特定的領土或政體。

　　我們現在總結全球化對種族性和民族性（nation-hood）的影響（參考 Arnason 1990; Hall 1992b）：

◆　一般而言，全球化是一個分殊化的過程，也是一個同質化的過程。它透過認清文化利基和在地能力的價值，促使世界多元化。

◆　重要的是，全球化削弱民族和國家之間的關係，釋放被吞併的少數種族，並讓民族的重構得以跨出原本的國家疆界。對那些由少數種族結盟形成的國家來說，這一點特別重要。

◆　全球化將中心帶往邊陲。只要全球化來自於西
　　方的現代性，它就有可能把新的種族認同傳入
　　邊陲的文化，電子影像與蓬勃的觀光業正是這
　　種文化流動的媒介。

◆　全球化也將邊陲帶往中心。一個明顯的方法是
　　經濟移民從全球相對劣勢的部門流動到相對優
　　勢的部門。只要大眾傳播媒體投入尋找珍奇事
　　物，刺激閱聽眾找尋多樣性，那麼先前的同質
　　性民族國家最後也會朝向多元文化主義的方向
　　移動。

　　霍爾（1992b）的觀念承繼自羅賓斯（Robins），指
出部分種族團體對這些全球化趨勢作出兩種可能的適應
性反應──轉換（translation）與因襲傳統（tradition），
兩者在宗教上取得平行的發展。轉換是一種統合性反應，
在這種反應中，有兩種以上文化體驗的團體會試圖發展
與其原初形式完全分離的新表現形式。因襲傳統是種族
的基本教義主義，嘗試再發現種族團體在其歷史上的無
瑕起源。在一個身份認同與生活型態和品味有關的後現
代世界中，因襲傳統需要找尋過去的必然性，因而會持

續地變換並遭遇挑戰。弔詭的是，透過將過去的符號內容混入現代，這種對傳統的找尋促成此種後現代氛圍，使得日常生活變成一種歷史的和種族的迪斯奈遊樂園。

「黑人」（black）一詞在 1960 和 1970 年代出現，意謂一種新認同的出現，這也許是轉換主義的種族性最佳例證（Hall 1992b: 308-9）。在美國，這不只包括轉換黑奴從非洲帶來的分裂的、不能改變的混合部落認同，也包括將階級認同轉換爲種族認同，使其變成自尊的來源。雖然轉換主義者和傳統主義者的策略之間總存在著某些矛盾，譬如「非洲血統的美國人」（Afro-American）一詞可爲代表，但只有前者能讓美國黑人維護自己的認同，並除去他們與都市流浪無產階級（urban lumpen-proletariat）的關聯，這是他們在二十世紀早期遷移到北部工業城市的結果。黑人認同也能提供其他的政治優勢，譬如在英國，它讓非裔、加勒比海裔和南亞裔的人民彼此結合，而再一次的，拉斯特法里主義的傳統主義成分，以及印度教的和回教的信仰復興運動也都與該過程交織在一起。

魁北克（Quebec）民族主義的出現則是另一個混合式的種族起源，霍布斯邦稱之爲「小資產階級被強化的

語言民族主義跟日後遇到的衝擊作結合」(1992: 171)。以英語爲母語的權力中心一直將魁北克視爲麻煩地區，所以魁北克文化在遭受忽視的情況下自十七世紀存續至今，而其自身的統一是以天主教教會和地方的政治任命權爲中心。在 1960 和 1970 年代，魁北克被工業化和世俗化的全球潮流滲入，它也接收了湧入的「第三種語言」移民具有的焦慮，在全球化世界中，學習混合語言(lingua anglia)。新興的民族主義經常具有防衛性，自視爲「白種黑人」(white niggers) 並依此進行相對化，認爲自己的處境猶如被殖民的第三世界，但卻又經常顯得自信滿滿——魁北克革命一直是一場「寧靜革命」(quiet revolution)。總之，雖然它宣稱一個新的認同，但新的魁北克社會並不自認爲是巴黎的殖民地。的確，法國一直到 1960 年代晚期還是把魁北克人視爲未開化民族，但魁北克人卻宣稱自已結合了歐洲出身與北美經驗，是開化和理性的民族。魁北克可能是許多這類民族主義的頭一個，關於民族國家的形式，其他例證經常出現類似的矛盾情結，包括孟加拉、Bougainville、加泰隆尼亞、厄立特里亞、法蘭德斯、喀什米爾、庫德斯坦、倫巴底、巴勒斯

坦、蘇格蘭、坦米爾埃蘭和威爾斯。[5]

　　東歐和亞洲的國家社會主義同盟在 1980 年代晚期開始出現分裂，此乃傳統主義種族復興的豐富來源。有兩種可能的詮釋可以說明愛沙尼亞、斯洛伐克、「大塞爾維亞」、波士尼亞和赫芝格維那共和國、哈薩克、摩爾達維亞和吉爾吉斯共和國這類實體的出現。霍爾（1992b: 312-13）將其視爲起始於十八世紀末期的民族主義運動的延續：「這些所謂的新『民族』嘗試同時從種族與宗教的角度建立統一的國家，並創造以同質性文化認同爲中心的政治實體」（1992: 312）。對照之下，霍布斯邦認爲該項嘗試必定失敗：「光是 1992 年在西方維也納和的港[6]到東方海參威之間這塊大區域發生的事情，即可爲證明種族－語言的分離不會爲一個穩定的、短期間可以粗略預測的全球秩序提供任何基礎」（1992: 184）。對他來說，這些小國家的建立只是創立國家世界（world of nations）的一小步，國家世界是在區域和全球層次上成形，而不是立基於國家基礎。他預測會朝著超國家主義和次國家

---

[5] 譯註：厄立特里亞（Eritrea）是衣索比亞臨紅海的地區，原爲義大利的殖民地；庫德斯坦（Kurdistan）是指土耳期東部、伊拉克北部、伊朗西北部的山岳地帶，居民以庫德族爲主。

[6] 譯註：的港（Trieste）是義大利東北部位於亞得里亞海的海港。

主義的方向移動，意即在大陸的或全球的規模上朝著政治和經濟組織的方向移動，而在地方規模上則朝著文化組織和認同的方向移動。新興民族在取得國家地位的過程中出現的矛盾即是明證——蘇格蘭和加泰隆尼亞不是在新國家的架構中尋求獨立，而是在與歐盟維持新關係的情形下尋求獨立；波羅的海諸國剛從蘇聯分離出來，就馬上尋求加入北大西洋公約組織和歐盟。

　　總之，全球化對種族性的影響是復興種族性，並將它從政治和經濟中分化出來，使得這般觀點成為可能：所有的種族認同都是正當的，不是只有那些在十九世紀成功建立國家的種族才能取得正當的種族認同。在某些情況中，這意謂各民族之間的聯合瓦解（例如加拿大、捷克、英國、蘇聯、南斯拉夫），然而所有的政治實體正逐漸被視為具有正當性，甚至被積極的視為多元文化體。性和食物這兩項根本需求的發展可以證實這種說法。所有證據均指出，種族性對愛情和婚姻的阻礙愈來愈小，民族主義也愈來愈不構成障礙。此外，從多樣性的「種族」餐廳，以及國內消費混合多種成分的角度看來，食物消費的秘訣愈來愈不會被在地化。日本的種族主題公園的發展讓外國遊客彷若置身國內，譬如「德國幸福王

國」、「加拿大世界」、「日本的威尼斯」、「荷蘭村」、「新潟的俄國村」和美國的娛樂場所「彈丸城」（Cannonball City），這些都證實了種族性的後現代化和全球化，也就是與地點的分離（*Economist* 22-28/1/94）。[1]

消費主權

上述有關宗教和種族性的討論應已證實全球化進程可能被過度簡化，並因而被過度邪惡化。我們已然瞭解，只要全球化將各個特殊主義相對化，並將其由民族國家－社會的壓縮中解放出來，那麼全球化便能復興特殊主義。但是全球化並非單純意指一種差異性的復興，而是意含一種同質化與分殊化趨勢的複雜交織。在本段當中，「全球消費文化」可以概括我們關注的同質化傾向，諸如「美國化」、「西方文化帝國主義」和「可口可樂化」這類帶有價值的詞彙也經常被使用，這並不難理解。這些詞彙意謂二十世紀中葉在美國發展出來的消費文化一直被大量的傳送到世界各地。

我們必須強調，消費文化的涵意不只是消費而已（Featherstone 1991）。對消費的興趣是歷史性的，也具

有跨社會的普遍性。不過，在一個消費文化中，被消費的項目不僅具有物質價值，還帶有符號價值。這種消費文化會出現在強而有力團體存在的社會中，通常是那些試圖累積資本、鼓勵消費者「欲求」（want）其「需求」（need）之外事物的團體，而這些團體確實會試圖混淆這兩個詞彙的意義。在消費文化底下，消費成為主要的自我表現形式與認同的重要來源。它意指包括親戚關係、情愛、藝術和智識在內的物質與非物質項目都得被商品化，意即其價值是在交換的脈絡中評估，而不是在生產或使用的脈絡中評估。一個先進的或後現代化的消費文化會經歷過度商品化（Crook *et al.* 1992），而產品之間的細微差異，或者產品的細微改善能決定需求的變化，且消費會在「品牌名稱」基礎上產生分化。此處所講的消費，或者更精確的說是消費能力是自身反思地被消費，「品味」、「時髦」和「生活型態」這類詞彙彰顯的這個趨勢成為社會分化的主要來源，取代了階級和政治聯合。消費文化透過大眾傳播媒體的廣告和模擬效果被創造出來，其原初形式可能是個計畫性的產物，[2] 但是在後現代化情況下，它卻被「過度模擬」（hypersimulated）（Baudrillard 1988），擁有超出任何特定團體所能掌握的

獨特生命。

　　由於消費文化是以符號爲中介，所以它把價值和偏好從特定的社會與地理位置中解放出來，亦使包括國家在內的現代性社會和政治結構失效，其方式是透過毀損現代性的文化分類，在技術上將文化去分化（dedifferentiating）或去分類（declassifying）。布爾喬亞透過宣稱自己在藝術、道德和正義領域上擁有文化標準的專門知識，藉此正當化其支配，但是在消費文化中，這些標準只不過是若干可以隨意被接受或拒絕的意見而已。的確，這種標準的去正當化意謂從前一直被視爲高級的或菁英文化的產物現已被廣泛而普遍的散布。1992年「三大男高音」演唱會結合歌劇音樂和流行的足球運動，並透過傳播媒體將之行銷給全球廣大的觀眾，這就是高度全球化和後現代化的例證。

　　假如美國消費文化的原初形式是透過大眾傳播的廣告和模擬，那麼隨著通訊技術的擴展已超越民族國家－社會的範疇，消費文化的發展過程實已進入全球階段（參考本章後段）。這些例證多得不勝枚舉，少數例子即足以說明該論點。1930年代的德國汽車工業建造 Wagen 爲德國國民車，而 Model T 和 Austin 7 同樣被視爲不同國家

的國民車,但是現在的廠商製造和行銷的卻是「世界車」,最新款的福特車被稱爲 'Mondeo' 。「Bennetton 的多種色彩」被刻意強調,因爲色彩是其標準化成衣產品提供的一些微細差異當中的一種,而 Nike 和 Reebok 的休閒鞋,以及 Levi 牛仔褲均注入了全球流行文化。主要的流行名店販賣的產品爲求擴展,紛紛以低收入顧客爲招攬對象,不過同爲知名品牌如 Armani、DKNY 和 YSL 雖然也是彷效全球行銷策略,但仍鎖定高價市場,這種現象說明了後現代化的去分類。特殊的澳洲產品如 Akubra 帽、Drizabone 雨衣和 Blundstone 靴已成爲國際知名品牌,它們是以特別的澳洲產品而聞名,這是在地與全球連結的特例。在食物和飲料產品中,全球品牌也具有相當的影響力,相關例證顯而易見:可口可樂及其對手百事可樂現正進駐以往未能征服的中國大陸;麥當勞及其對手必勝客、時時樂、肯德基速食店,則以大量衛生且同質性的食物鯨吞世界;如同藝廊的壁掛一般,廚房有時也陳列著 Campbell 濃湯、Pilsbury 速食麵包和 Birds Eye 冷凍豌豆。全球品牌不會受限於大眾市場,全球雅痞同樣也都折服於 Rolex 手錶、Porsche 跑車、Luis Vuitton 旅行袋、Chanel 香水、AGA 廚具、Dom Perignon 香檳

以及 Perrier 礦泉水的魅力。

　　雖然此種流行文化的擴散至爲明顯，但若從更高的
角度來看，這種情勢似乎不甚明確。無疑的，假如某人
每天都吃麥當勞，他的飲食將會被同質化，但是遠在喜
馬拉亞山脈裡孤立而傳統的佛教社會中，當地的飲食幾
乎全是由大麥粥、大麥麵包、大麥酒所組成，也是同質
化的表徵，而食用英國學校伙食長大的人不能宣稱他們
擁有豐富多樣的特殊民族飲食文化，這也就是說，流行
文化的全球化同時是同質化和分殊化的現象，擁有表面
上看來是矛盾的、但實際上卻是一致的效應。它必然可
以跨越全球進行同質化，在特定地點所能取得的事物也
可以在所有地點取得，但是它只有在特殊地區才會擴大
文化機會的範圍。譬如，假如紐約人只能飲用當地生產
的酒，他們勢必陷入慘境。事實上，從進口產品的角度，
以及從進口文化慣習的角度來看，各個城市都像許多「全
球城市」（King 1990b）一樣，提供來自全球各種炫爛的
消費可能性。

　　這引領我們思考另一項可能被視爲正面的發展。本
書通篇接受羅伯森的主張，而與紀登斯的觀點相佐，認
爲全球化早於且獨立於現代化，因而全球化是一段長期

的歷史進程。以消費為基礎的文化全球化實際上肇始於
十九世紀，但卻出現在菁英界或布爾喬亞文化領域。在
那個年代當中，從前的優雅音樂和藝術喜好受到暴發戶
的青睞，他們建立公共藝廊、美術館和圖書館、市立交
響樂團、國家歌劇院、芭蕾和戲劇公司、以及開放和非
宗教性的大學，俾益將其新發現的品味予以制度化（並
將成本由社會共同分攤）。當資本主義擴展到全球，這些
文化制度被其支配階級攜載到世界各地，新社會和新興
工業化社會甚至是國家社會主義社會都受其影響，沒有
一個社會和國家可以自許擁有自主性的民族文化。在十
九世紀末以前，一個全球的，但大抵是以歐洲為主的文
化傳統成形，全球各地都高度注視這些同一的音樂、藝
術、文學和科學。的確，新的運輸方式讓各領域傑出的
從業人員和表演者得以周遊世界，讓學生能在優秀的國
際中心研習，所有這些都強化了同質化的全球上流文化
（high culture）。不過，在電影和電子大量發展之前，流
行文化仍保有民族國家的個殊性，這些媒介長期以來一
直將文化平民化（democratize），因為它們不肯尊重上流
文化產品的「特殊性」。

　　關於消費文化普及全球並侵害和控制個人的現象，

有兩種觀點可以解釋。最常見的解釋是把個人認同併入文化當中，資本主義藉由改變人們的自我印象及其需求結構，將人們轉變為消費者，為資本主義的積累效勞（例如 Friedman 1990; Sklair 1991）。但是從東歐和前蘇聯這兩個令人印象深刻的例子看來，這個觀點是有爭論的——儘管官方大肆宣傳消費主義是惡魔，但是多數人民只要瞥見西方生活，就會擁抱消費文化。1980 年代末期的「柔性革命」（velvet revolutions）可被視為大眾主張擁有無限的私有消費權利，該權利也可被視為第三世界的重要議題。

　　第二個且較為有趣的主張是李澤（Ritzer 1993）的觀點，他把消費文化視為（韋伯首次指出的）西方理性化過程的延伸。韋伯把資本主義的理性計算從物質議題更廣泛的延伸到人類關係，特別是在目標達成的最廣意義下那些與生產有關者。李澤認為，社會乃至於世界均受「麥當勞化」（McDonaldization）過程所苦：「速食餐廳的經營方針透過該過程正逐漸支配美國社會以及世界各地愈來愈多的部門」（1993: 1）。這些方針如下（1993: 7-13）：

◆　效率：麥當勞化壓縮了需求及其滿足之間所費的時間長度與努力；

◆　可計算性：它鼓勵計算金錢、時間和努力的成本，作爲消費者衡量價值的主要原則，取代對品質的判斷；

◆　可預期性：它將產品標準化，使消費者無需尋找替代品；

◆　使用物質技術控制人類：不僅大量的去除工人的技術，還透過設立控制排隊的障礙、固定的菜單陳列、有限的選擇、不舒服的座椅、難接近的廁所以及「得來速」（drive-through）快速取餐等手段來控制消費者。

很清楚的，只要麥當勞化的社會技術可以滲透全球，只要它能勸誘消費者進入店內，它便能將擁有主權的消費者轉變成易於駕馭的順服者。顧名思義，麥當勞化一詞意謂它在全球擁有多家連鎖分店。在 1991 年底，麥當勞有 12,000 家分店，同年在美國國外開張的分店（427）首次多於美國國內（188），不過這套方式一直被拓展到其他的速食品牌（漢堡王、必勝客、Taco Bell）、更高價

位的餐廳（時時樂）與大範圍的產品行銷，包括汽車保養檢修（Mr Muffler、Jiffylube）、金融服務（H&R Block、ITP）、兒童看護（Kinder Care、Kampgrounds of America）、醫療、大學教育[3]、麵包產品（Au Bon Pain）等等（Ritzer 1993: 2-3）。總之，麥當勞化代表消費和生產的重整（reordering），把先前的非正式慣行和日常慣行予以理性化，將世界推向更為一致的方向。

麥當勞化的弔詭在於，它在尋求控制人類個體時，卻承認人類個體具有潛在的自主性，這項特質是談論消費文化擴散的「文化呆子」（cultural dupe）或「沙發呆子」（couch potato）理論所缺乏者。[7]乍看之下，這些情況似乎有些悲慘，速食餐廳只是以金錢換取適度營養和可口的食物，雖然他們會嘗試經營消費者的日常飲食，但卻不會試著經營其生活。他們用吸引而非強制的方式招攬顧客，所以吾人總能選擇進入與否。廣告確實傳達給消費者一個訊息：無論消費者是多麼的猶豫不決，但總能自己作出選擇。

---

[7] 譯註：所謂的「沙發呆子」形容無所事事攤在沙發上看電視的那些人，他們隨意的操按遙控器，不自主的切換頻道，沒有目的的度過時間。

　　有人主張消費文化是文化效率漸增的來源，而文化效率經常伴隨全球化和後現代而來。只要我們擁有一個消費文化，個人就被期待能作出選擇，在這樣一個文化底下，政治議題和工作同樣可以變成消費項目。一個自由民主的政治體系可能只是一個擁有消費文化的政治體系，因爲它提供選舉的可能性。甚至連自由民主都傾向被麥當勞化，意即領導人將變成曝光機會和風趣用語所營造出來的形象，而議題則會被過度簡化的包裝。同樣的，人們不再期待工作是項責任或天職或是創造性自我表現的工具。而職業的選擇，乃至於選擇工作與否，都逐漸變成與社會地位有關，而非物質利益的問題。

全球文化的標記

　　雖然全球化早於現代化，但是現代化形成的媒介卻可以滲透和分解各地之間以及各政治實體之間的界線，讓文化傳送得以迅速進行。我們已在許多地方討論過的**輔幣**（token money）是項明顯而重要的媒介。輔幣具有數種效用，首先，它讓各地之間的貿易得以涵蓋廣泛而普遍化的產品，隨著貿易範圍愈廣，產品在地理上專門

化的可能性也就愈高，這會進一步促進貿易的發展，而全球產品市場相當早便開始發展。其次，它讓資本轉變成可交換的金融形式，得以輸出到遠處並在各地進行投資。資本的市場化會損害在地的、以親戚關係為基礎的資本集中，並讓資本積累處於經常擴增的規模。

　　然而，連結各地區的其他媒介也是相當重要。十五、十六世紀軍用帆船的發展，加上對整體氣候和地理知識的瞭解增加，讓探索和發現的可能性大增。運輸媒介從生物力量的限制中解放出來，這是相當重要的第一步。雖然腓尼基人、威尼斯人和維京人已大量使用人力划手，但由於動能不足，使其無法持續與遠方進行接觸。只有多桅帆船，像西班牙大帆船、英國快速帆船或中國平底帆船，才能維持全球經濟拓殖的型態。的確，只有靠這種帆船，才能在攜載行船所需人力之外搭載更多人，將歐洲移民集體載送到遙遠的地球彼端。蒸汽動力的發現和應用則使媒介進一步勃興，蒸汽動力不只提升海運的效能，還可以透過鐵路征服廣闊的美洲、非洲、澳洲和西伯利亞大陸。至於內燃的柴油和噴射引擎及其相關技術則明顯提升全球化的可能性。

　　傳遞資訊使用的電氣、電子和攝影工具是現代化提

供的第三個重要的全球化媒介。運輸工具的改進本身即
改善了郵件的傳遞。十九世紀全球化最顯著的事例也許
發生在 1850 年代克里米亞戰爭期間，當時英國泰晤士報
的戰地記者 Mr Russell 首次將報導立即發電報回倫敦，
使相關報導得以在事件發生後一到二天內見報，至於其
他的報導，如其所言就是歷史了。大約在二十世紀之交，
傳播可藉由電話、無線電、電影藝術（cinematography）
甚至是電視來完成。在不用離開故里的情況下，遠處發
生的事件將可被知悉，甚至「目擊」。

　　全球化在十九世紀顯著的迸發，其中有一部分是這
些運輸工具和傳播媒介的改進造成的結果。而管理的（和
監督的）社會技術的發明，讓權力能夠用直接和集權的
方式擴張到各領土及其住民。對新民族國家內的個別成
員而言，權力的主掌者不再是本地的親屬或當權者，而
是一個遙遠的科層體制。科層體制的階層組織透過回報
系統（reporting system）的使用而能伸展到這些地區。
面對領土和人民遠比殖民母國大上數倍的跨全球殖民系
統，來自歐洲中心的科層體制也能有效的加以治理和控
制。

　　使用複雜電力技術的媒體機器在二十世紀早期開始

發展，有機會成為一個全球化真正的象徵形式。廣受歡迎的留聲機、電話和電影是這類發明的頭一批產品，而收音機和電視也是二十世紀相當早期的發明。收音機是第一個真正的電子大眾傳播媒體，在 1920、1930 年代普遍被人們接受，至於電視則在第二次世界大戰之後才開始滲透到大眾市場。由於電視影響觀眾的能力更強，使人們擁護並恐懼這種比收音機更強勢且滲透性更高的媒體。

最近的技術趨勢需要擴張與重組這些基礎的人工製品——電話、錄放機器、收音機和電視。這股技術趨勢可以總結如下：

◆ 小型化：所有技術都力圖削減尺寸，這得部分歸功於日本消費性電子公司應用的設計標準。在這些產業的前導公司中，新力公司（Sony）是第一家有效作出小型化產品的公司，它買下美國發明的電晶體專利權，用來製造手提式收音機，這項趨勢也應用到卡式電唱機、唱盤電唱機、電視、電話和電腦。小型化也會影響傳送和接收——衛星新聞廣播電台 CNN 之所以能

在 1988 年「獨家報導」伊拉克抵抗美國及其盟軍的攻擊，主要是新聞記者有能力在巴格達設置「背包型」衛星傳送站。

◆ 個人化：從歷史的角度看來，電子傳播的觀眾範圍一直在減少，音樂廳或電影院能招待數百人，電視能滿足一家人，但個人電腦顧名思義是供個人使用，雖然它的個人化程度實際上不如手提式電腦，而手提式電腦也比不上掌上型電腦。新力牌「隨身聽」等相關產品代表個人化消費的極致——聲音變成全包式和內在的。

◆ 整合：文本、聲音、影像和反應等各項技術透過鍵盤或麥克風而逐漸彼此整合。微晶片技術提供處理資料的非凡能力，是電腦的重要組成元件。

◆ 普及：從接收和傳送的角度看來，利用大眾傳播媒體的技術變得更為普遍，前者是接收器成本相對降低的結果，後者則拜太空探險和纖維光學等技術發展所賜。這種普及不僅意指地球所有住民實際上均能利用大眾傳播工具，且意謂大眾傳播工具的選擇範圍增大。它也暗示著：

　　只要社會的成員都能利用衛星天線，以各種大
眾傳播媒體來維繫國家主權在現今是可能的。

◆　自主化：觀眾愈來愈不怕成為大眾傳播資訊的
　　受害者或被動的接受體，只要消費者有較大的
　　產品選擇權（例如有線電視和衛星電視）、能透
　　過電話和互動式電腦網絡增加「回饋」（talk-
　　back）能力、多利用家庭記錄器材和社區錄音
　　室這類生產設備、並藉由雷射唱片、卡帶和錄
　　影帶控制其觀看和收聽的時間和內容，消費者
　　的自主程度將會愈來愈大。

　　所有這些技術及其播送的內容均起源於進步的資本
主義社會。從文化全球化的角度來看，它具有三大影響。
首先，它把史凱勒（1991）所稱的「消費主義的文化意
識型態」從世界體系的中心輸往邊陲，這是因為大部分
的新聞、資料、娛樂節目、運動、資訊和廣告都朝此方
向流動（Anderson 1984; Hoskins and Mirus 1988; Mowlana
1985; Sklair 1991）。不只是節目製作人，就連廣告商、
新聞機構和製造消費品的公司也都是進步的資本主義社
會的產物。特別是廣告，它試圖藉由描述理想的西方生

活型態來銷售產品，經常以人性中的性愛、地位和手足
關係等普遍性的主題進行訴求——世界爲一罐營養價值
堪疑的清涼飲料唱首讚美詩。他們會藉機模仿已呈現在
肥皂劇、情節喜劇和恐怖片中的情境。

　　其次，除了吸納新民族進入吾人所稱的文化帝國主
義網絡之外，文化流動藉由大眾傳播媒體消溶了網絡的
各種內在邊界，並協助其牢固結合在一起。這些文化流
動是跨國連結的基本例證，集體行動者和個體之間的連
結對國界產生破壞。正如上述提及的，透過電波傳送的
衛星廣播尤其否定國家主權的可能性，造成的特別結果
是：許多硬體和節目皆來自美國，使英語成爲全球通訊
系統的共通語言。對歐洲小國而言，這已證實是項特殊
問題，歐洲新聞（Euronews）此一多語衛星新聞頻道的
推出，未能減弱單以英語播出的 CNN 和 Sky News 的市
場佔有率，這指出英語可能變成全球化體系裡共同的公
眾語言，而本國語言則被限制在國內和在地化的脈絡內。

　　不過，大眾傳播媒體利用內容和語言把全球文化結
合在一起，它們不僅提供一般的模擬機會，而且還會誇
大全球問題和全球事件。我們可以說，我們現在是透過
全球眼鏡來看世界，當美軍戰機飛行員轟炸巴格達的建

築時，我們正看著他所見到的東西，戰爭變成一種景象；柏林圍牆倒塌這個重要的政治事件變成一場搖滾音樂會；奧林匹克增加的運動競技是藝術項目而非運動項目，韻律體操、水中芭蕾、自由式滑雪等項目的安排無非是要吸引更多的全球觀眾；至於「精選隊伍」（A Team）帶來的激動程度幾乎無法與 1988 年的天安門大屠殺或 1993 年葉爾欽（Yeltsin）攻佔國會大廈相比。這些媒體事件的性質迥異於人類在 1968 年首次登陸月球這類的電視報導，它們被蓄意建構成合乎某種風格的大眾娛樂，用涂爾幹的語詞形容，他們是全球對於民主、消費、資本主義和充分容忍多樣性所作承諾的集體表現（collective representations）。

　　麥克魯漢最先注意到大眾傳播媒體的第三個全球化效應，繼而由哈維和紀登斯進一步闡釋（參考第三章）。只要大眾傳播媒體把人類關係的內容轉變成符號或標誌，它們便能連結身處異地的人們。該過程同樣能在素未謀面的人們之間發展出利益或價值承諾的共同體，對那些共同參與某一政治事件的人們而言更是如此。這些共同體到處被描繪成模擬社區或模擬權力集團（Crook et al. 1992: 131-4），因為它們僅以大眾傳播媒體給定的行

爲線索作基礎。譬如，許多婦女即便沒有參與婦女運動，
也能覺察到有關家族長壓迫（patriarchal oppression）的
全球婦女團體。再者，符號可以被非常快速的傳送，時
間的壓縮才能排除空間的限制，進而排除空間的社會實
體。

　　電話和電視各自具有相當的影響力，不過「網路」
（Internet）可能是完成時空壓縮的最新且最有效的媒
介，這是一種在電腦之間進行直接連接的國際網絡。網
路起源於美國，原先是由軍方資助的地區網絡，後經合
併而成現今的面貌，以學術和研究網絡爲主，但商業組
織正開始利用它將資訊商品化。網路所及的範圍是全球
性的，[4] 但卻不是無所不包——它有 1,500 萬名使用者，
成長率每一季高達 20-30%。不過網路仍能模擬全球空
間，因爲使用者需要發現其他「地方」（places）並將之
概念化，以便使用該處的資料。由於使用者不難取得全
球資訊網（World Wide Web）和全球網路領航員（Global
Network Navigator）這類新型的超媒體軟體，使網絡上
的零碎資訊易於被蒐尋和整合，讓使用者可以無需顧慮
空間限制而在網路上任意遨遊（*Economist* 5-11/2/94）。
同樣的，軟體也能讓網絡更爲友善，因而將其使用普遍

化。這種發展的重要性在於，它提供模擬社群一個實現
的機會，讓它發展成跨全球的互動類型。麥克魯漢的地
球村也許取錯了名字，因為沒有流言蜚語的村落確實相
當奇怪。這種全球化的流言蜚語如同麥克魯漢眼底的實
體，現在都逐漸變成可能。

全球觀光的旅行家

在第二、三章當中，我們把理論說明的焦點擺在西
方有關時空的現象學在千禧年中期出現的重組，同時關
注機械鐘將時間從自然的白晝和季節的節奏中脫離出
來，以及空間如同全球地圖呈現的那般，其實體獨立於
個別的社會地點。許多人都面臨這個事實：吾人第一次
對物質脈絡的知覺不一定來自於對它的經驗，這將造成
一種深遠的影響。時間現在可以被切割成數個部分，而
特定的活動可以指派到這些不同的部分。特別的是，公
眾活動或「工作」在時間上可與家庭活動分開，意思是
說，只要家庭活動無需費心費力，便能被界定為休閒和
娛樂。以往的休閒只能發生在筵席和節日的祭典或嘉年
華會的氛圍中，暫時將整天或整個禮拜擱置一旁，但現

在休閒可能變成一種普遍的期待。同樣的，如同馬克思
告訴我們，工作可能在空間上與家庭產生分隔。對中世
紀的人們和早期的現代人來說，旅行是一項不尋常的經
驗，人們只有在從軍、朝聖、貿易或外交等不尋常的事
件中才會出遊。由於運輸緩慢，時間成本過高，且被視
爲具有風險，所以那些旅行家（探險家、十字軍戰士、
朝聖者）被視爲深具勇氣或品德高尙的人士，或者根本
被視爲愚人。空間的概念化透過在家庭和工作場所之間
的例行移動，以及增進貿易機會的觀念而把旅行正常化。

　　這些現象的發展而後把兩種新而現代的人類可能性
——即休閒和旅遊——加以制度化，使其成爲社會生活
的一般特質。這不是暗指在資本主義工業化的早期階段，
各社會普遍都有休閒和旅遊，而是指兩者皆能在工業化
社會的某些環節中取得，且社會的任何成員都能想像自
己投入這類活動，不論這種想像能不能實現。這些發展
也導致一種新的可能性，即爲了休閒、爲了快樂或者至
少爲了旅行而旅行的觀念，這對中世紀的人來說肯定覺
得怪異。當十八世紀貴族開始從事「歐洲巡遊旅行」
（Grand Tour）時，這種可能性首次成爲實體（Turner and
Ash 1975: 29-50）。歐洲巡遊旅行被概念化爲一個文明化

過程，其中來自英、法文化荒漠的菁英得以接觸後文藝
復興的義大利展現的壯麗燦爛，接觸時間持續五年之久。
相較之下，英、美的工業布爾喬亞在十九世紀晚期才開
始行動，時間和空間在此時均已短縮，尤其是他們奉獻
給資本主義管理階層的時間。此時期的遊覽經常爲時數
月，頂多持續一年，範圍以西歐和中歐爲界。至於遊覽
的屬性不再是文化洗禮的過程，而是追求較遠處的視覺
經驗。

　　儘管國外旅遊在十九世紀仍被視爲是令人振奮的文
化經驗，而不是純粹尋求愉悅的經驗，即使只因爲人們
羅曼蒂克地將其視爲能增進自身的卓越感（Urry 1990:
4），這對中產階級來說亦然。Thomas Cook 和 American
Express 組成中產階級的套裝假期，造訪君士坦丁堡、勒
克蘇❽和新幾內亞等令人興奮的景點。⁵ 當工人階級家庭
尋求逃離工業城市骯髒的苦工，追求快樂的旅遊於是出
現在一個完全不同的脈絡中。英國的海岸休閒勝地開始
發展成爲工人階級的遊樂區，引起許多社會學家的關注
（Urry 1990; Shields 1991），而科尼島、蒙達海灘、黑海

---

❽ 譯註：勒克蘇（Luxor）位於埃及南部，尼羅河右岸的城市，與卡
那克（Karnak）一樣擁有古代都市底比斯（Thebes）的遺跡。

的瓦納⁹等地都能見證這種普遍的現象。「節日」(holy
days)在此被轉換成世俗的「假日」,人們充份享受這段
時光,並希望能與他人結伴同行,從事一些平常不會做
的事,比如呼吸新鮮空氣、享用美味的垃圾食物、騎馬、
穿滑稽的衣服、在遊樂場玩刺激的遊戲、沒有目的的散
步以及玩狂歡節的賭博遊戲。同樣的,約莫在十九世紀
之交,社會中的特權階級在更遠處建立自己的遊樂區,
他們透過纜車等設備將上山的過程機械化,把北歐的個
人運輸工具(滑雪)轉變成高山的刺激活動,並建立其
特有的高價位賭博遊戲(housey-housey)。⁶冬季運動、
法國里維耶拉海岸地區(Riviera)和蒙地卡羅賭城的出
現,標誌觀光業全球化的一個轉捩點。

　　里維耶拉海岸地區和阿爾卑斯山的觀光業標示觀光
旅遊的反思性遽升,觀光業的符號價值開始成為一種富
裕和世界主義的標誌。某人是否擁有滑雪夾克或比基尼
等特定的假期戶外服飾,就象徵著他(她)有沒有時間度
假,不過更有效的判別方法是作個日光浴讓陽光曬黑皮
膚(北大西洋邊緣的盎格魯撒克遜、塞爾特、高盧、日

耳曼和斯堪地那維亞等民族最好此道），或用灰泥包裹筋
骨酸疼的肢體，這種作法只有在擁有特殊氣候和環境利
基的地方才能完成，所以觀光客開始尋找可以複製的地
方。更重要的是，英國的海岸勝地及其他地方的景點無
法提供這種功能，因而在第二次世界大戰戰後這段時間，
里維耶拉海岸和阿爾卑斯山的觀光業與「套裝假期」
（package holiday）❿產生新的結合，提供新興的富裕工
人階級和中產階級一個機會，在無需跟外國人交涉旅遊
事物與排除許多不確定的情況下，盡情體驗地中海或熱
帶氣候。

　　這種移動究竟是構成了全球化，抑或是全球化的後
果，兩種見解之間的差距頗大。對優瑞來說（1990: 47-
63），歐洲國家之間，或者譬如日本和泰國之間的旅客移
動確實是觀光業的國際化，或可稱為全球化。相反的，
對透納和艾許來說（Turner and Ash 1975: 93-112），它代
表的是創立一個環繞工業化區域的「遊樂邊陲」（pleasure

---

❿　譯註：套裝假期屬於半自助式旅遊的一種，旅客向航空公司訂
購出國機票時，可以委請該航空公司幫忙訂購飯店和一些市區半日
遊等觀光活動，而部分航空公司也會在行程中提供專車接送服務，
可使旅途更便利，故為一種半自助式的旅遊。國內旅遊業及各家航
空公司通常將「套裝假期」簡稱為「機加酒」，也就是「機票」加
「酒店」的意思。

periphery），在地文化在此被忽視，旅客被裝入以熟悉語言提供熟悉消費模式的旅館中。北歐社會在地中海沿岸創造其遊樂邊陲；北美的遊樂邊陲是佛羅里達、加勒比海、墨西哥和夏威夷；澳洲有熱帶的昆士蘭、峇里島和南太平洋；日本和韓國有東南亞；蘇俄有黑海；至於巴西和阿根廷的遊樂邊陲則位於烏拉圭境內的旁塔厄則提（Punta del Este）。此處的論點是：觀光業者提供旅客對「４Ｓ」（即陽光、海洋、沙灘和性）的期望，而其最遠的旅行足跡則控制在交通成本足堪負荷的範圍內。

透納和艾許的主張與全球化論題較為一致，因為觀光業是在遊樂邊陲建立之後才出現較為全球化的形式，這種形式具有數個面向。首先，由旅行社代辦的旅行（package tour）已擴張到全球，觀光業將遊覽範圍擴大到遊樂邊陲以外的地區，提供異國情調與「冒險刺激」的環境給那些厭倦都會品味的遊客，諸如歐洲人和北美洲人刻正成群結隊前往非洲和亞洲遊覽，這已蔚為流行。以地近澳大利亞的峇里島（Bali）為例，該島過去屬於荷蘭的殖民領域，但現在則被來自義大利、法國、日本和美國的遊客所占據。航遊尼羅河在 1980 年代早期曾風行一時，但旋及風華不再；斯里蘭卡在內戰前曾吸引大

批的德國和北歐遊客；從澳洲經曼谷再飛到英國的「袋
鼠航線」可以發現享受套裝假期的英國人，行李滿是免
稅商品和幾束蘭花。其次，「新時代旅行家」和生態旅遊
一直是中產階級的觀光利基，這些獨立的旅行家找尋地
球上僅存的原始環境或真實的珍奇文化，他們在人跡罕
至的地方開疆拓土，為觀光業找尋新的景點。在最全面
的意義下，他們必然會消費整個地球。

　　觀光全球化的第三個方面大概是最有趣的，也就是
旅遊地區和非旅遊地區的後現代化去分類，以及同時發
生的文化去分類。遊樂邊陲繼海岸勝地之後沒落即為顯
證，庫塔❶❶和 Torremolinas 現在與科尼島和布來頓一樣，
都被視為過時。此外，遊樂邊陲的「兒童樂園」（funfairs）
其及伴隨而來如迪士奈樂園等文化，現在都在工業歐洲
和日本的核心城鎮中進行複製，建立地方性的主題公園。
更重要的是，沒有人能逃離觀光空間，生活在奧蘭多、
坎城或佛羅倫斯的人無法逃離觀光客的眼光，生活在格
拉斯哥、荷巴特、廣州的人也不行，❶❷雖然被注視的程

---

❶❶ 譯註：庫塔（Kuta）為峇里島最著名的觀光景點，以滑水和衝
浪聞名。
❶❷ 譯註：格拉斯哥（Glasgow）是蘇格蘭西南部的港市；荷巴特
（Hobart）則是澳洲東南部塔斯馬尼亞省的首邑。

度也許較低。

　　上述歷史標示國際觀光業在二十世紀後半葉的快速
成長。的確，若用來自他國的到訪人數衡量，國際觀光
業在 1950-1990 年間擴增了十七倍（*New Internationalist*
(245) 7/93），其中以歐洲人和北美洲人占大多數（見圖
6.1），不過這段時期的顯著特徵是我們先前指明在 1970
年進入全球化加速階段以後，造訪歐美以外地區的旅遊
人數大增，尤以亞太地區的觀光是上述轉變的重要成分。
圖 6.1 也可大略的瞭解觀光業對北大西洋範圍之外的個
別社會所造成的影響，譬如，1990 年埃及的觀光業收入
佔外匯收入的 67%，牙買加是 55%，肯亞是 43%，摩洛
哥則是 30%（*New Internationalist* (245) 7/93）。

　　全球化的觀光業對文化造成多重而複雜的衝擊，不
過我們可以在此描繪些許主要面向：

◆　觀光業的全球化程度標示觀光客自己把世界概
　　念化為一個沒有內在地理界線的單一場域；
◆　全球化使觀光客接觸到文化變異，證實了在地
　　文化及其差異的效力；
◆　觀光客注視的對象不得不將自己的活動相對

化，意即不得不和觀光客的品味作比較和對照；
在特定的環境中，這可能意謂在地文化的復興，
即使只是以模擬的形式呈現；

◆ 觀光業把人類慣行和物質環境重新界定爲商
品，藉此擴展消費文化。

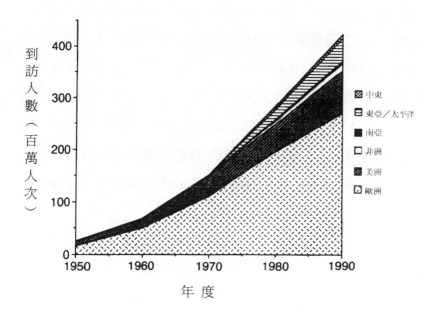

圖 6.1　　1950-1990 年各地區的國際觀光人數

資料來源：*New Internationalist* (245) July 1993

結論：一個標記與符號的經濟

　　就像前二章的結論一樣，本章也是由物質交換在地化、政治交換國際化、以及符號交換全球化這三個原理作為導引。全球化之所以在當代處於加速階段，直接歸因於標記和符號的暴增，其中有許多標記和符號和現代性的結局有關。人類社會現正歷經的全球化已到達如下程度：人際關係和制度可以從經驗轉換成資訊、空間的安置是以擬像（simulacra）的消費為主而不是物質客體的生產、價值承諾是認同的象徵、政治是生活型態的追求、而組織的束縛與政治的監督都會被有利於反思性自我檢視的事物所消解。這些態勢和其他的文化風潮所向披靡，不僅攻潰民族的價值體系，也攻破了產業組織和政治－領土的排序。

　　我們現在可以回到亞布得里的「風貌」概念，將全球文化區分為數個面向。我們可以用這些概念分析文化全球化的程度，如同我們已對政治全球化和經濟全球化所作的那般。如表 6.1 所示，全球化在每個面向呈現高度的發展，宗教觀念現在必須放置在相對於所有其他宗教和世俗主義的位置上來瞭解，且經常被基本教義主義

表6.1 文化全球化一覽表

面 向	全球化的理想典型	事務的現今狀態
神聖風貌	去領土化的多種宗教雜陳並列	相對化和基本教義主義
族群風貌	去領土化的世界主義和多樣性	新興的次國家主義和超國家主義
經濟風貌	模擬和表現的消費	商品高度的去物質化
媒體風貌	影像和資訊的全球分佈	影像和資訊分佈的去區域化
休閒風貌	普遍的觀光業和「觀光業的終結」	主體和客體的去分類

所強化。宗教觀念的商品化和行銷作為一組生活型態的
選擇，是高度進步的，因而也是高度的去領土化。族群
風貌同樣也是被相對化、分散和分化，以至於在民族、
國家和領土之間的現代主義連結似乎被瓦解了。我們所
稱的經濟風貌，也就是貴重事物的交換類型，現在被符
號、影像和資訊的消費所支配。主導全球生產和分配的
企業提供跨全球的共同影像，媒體風貌正逐漸被這些公
司所支配。在休閒風貌的標題下，觀光業正碰觸其侷限，
全球各角落都受其騷擾，每個人都是潛在的觀光客，也

是觀光業的客源。勞許和優瑞（1994）甚至提出「觀光業的終結」（end of tourism）說法，指稱這個世界是如此的全球化，透過電視螢光幕就能接近休閒和刺激的地點，所以旅遊變成很尋常的麻煩事。這種普遍的觀光業短期內也許不能預見，但在未來顯然是可能的。

7　世界的終結

這個世界畢竟很小

俗語

　　這些結語指向三個目的：總結連接前述各章的一般
主題；思索全球化對社會學的影響，特別是思考社會學
對人類福祉的貢獻；以及探索社會空間在全球化世界中
的可能呈現方式。

　　不同的特定時間內，在社會關係中居於優勢地位的
交換類型會建立起社會網織與地域性的連結。

總結全球化進程

　　我們在第一章介紹一個引導原理，用以連結最高度
普遍化的各社會過程中各個不同的構成要素。我們現在
可以概括地說明其歷史發展。這份概要為了概化令人畏
怯的複雜性，將不可避免的會作出總括性且經常具有攻

擊性的宣稱，漠視地球上個別角落的特殊性和各種不一
致的社會轉型。這項努力不是嘗試否定人類經驗的豐盛
性，而是如同大家廣知的，全球化確實發生了，它必然
在其發生之處影響著人類的行為。

　　利用第一章提出的理論預設，我們已確認全球化進
程已發生於經濟、政治和文化三大領域，這些領域陳列
於圖 7.1 左欄，透過該圖可以探索此一概括性的主張。
而三大領域下方的括弧則指明支持全球化的長期普遍進
程：經濟趨勢傾向自由化，意即從命令、限制和地位與
階級壟斷中解放出來；政治趨勢傾向民主化，也就是權
力分散；而文化則傾向普遍化，抽象的價值和標準到達
非常高度的普遍性，這將容許文化極度分殊化。

　　這三個領域的相對效力（efficacy）的變遷推動這些
過程在歷史上的進展。歷史時間的畫分主要是以西歐的
進展時期作為畫分依據，因為各個西歐社會及其衍生和
模仿的社會都是全球化的來源和領導標竿。在 16-19 世
紀「初現代」時期中，主要的發展是資本主義的出現，
它是一組物質交換，非常有效的瓦解中世紀社會的各種
傳統主義的連結，而它也滲透並支配政治和經濟領域。
由於這類交換授權給新資本家階級，所以它嚴重弱化了

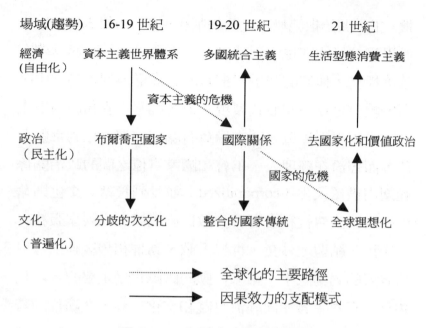

圖7.1　全球化發展的路徑

各個君主政體，不是將之立憲化（constitutionalizing），就是使其效力不彰，要不然就是接管國家，將其重構爲布爾喬亞和自由國度。同樣的，文化也被意識型態分隔和滲入，最重要的全球連結是透過貿易、探險和軍事冒險所形成的連結，不過，雖然它們起了個頭，但卻後繼無力建立全球整合。

　　工業資本主義大約在十九世紀中期或晚期遭逢危

機。工人開始拒絕無止盡的剝削和貧困,市場未能擴展,
而累積的可能性也受到威脅。工人階級的行動通常帶有
政治性格,他們的鬥爭會把新的功效灌入到政體當中,
有些社會是以溫和形式展現,但在社會主義和法西斯主
義國家則變得極端。國家擔負有關經濟與文化的掌舵角
色,而經濟在經理人、工會和國家官僚之間的政治關係
範圍內被法人化(corporatized)並受到管轄。文化則藉
由發展民族傳統和附屬於少數民族團體而為國家服務。
在殖民、結盟、外交、世界大戰、霸權和超級強權等現
象發展的局勢底下,國家行動的國際化是主要的全球化
趨勢。資本主義如同經濟實踐和文化一樣,在霸權的資
助下被攜載到全球各角落,經常與法西斯主義和國家社
會主義的意識型態對手產生衝突。

　　二十世紀末葉的人們廣泛認知到這些危機:國家無
力讓經濟繼續成長、無法滿足人民的要求、無法在權力
運作中提供貨幣的通透性(transparency)和價值、也無
法確保人民有一個確定的未來。在這種情況下,人民不
願意把個人的自主權交給上級組織,並參照普遍化的標
準來正當化其宣稱,這已涉及到行使新的政治象徵以及
接續而來文化功效的復興。而這些象徵意義上的訴求則

圍繞在人權、地球環境、自由民主、消費權、宗教的傳統主義、民族多樣性和世界主義等主題，每一個主題都把各種全球化的實踐與現象學加以制度化。文化行動現在正在瓦解國家，特別是那些具有高度組織性的國家，而政黨政治也正被普遍化和普及的社會運動所分裂，領土疆界因而變得愈來愈難以維持。另一方面，不管是從消費取代生產成為核心經濟活動的角度，還是從職業經驗可能多樣化的角度來看，經濟正逐漸被生活型態的選擇所支配。於是經濟正逐漸以符號為中介且具有反思性，並與地點分離。

全球化、社會學與人類解放

假如全球化是一個推動文化體系的發展得以凌駕其他體系的過程，那麼社會學的知識體系便無法不受其影響。的確，一個全球化的社會世界迫使社會學不得不反思地檢視其理論及其作為一個社群的範圍，因此出現一些聲音要求發展全球化社會學（globalized sociology）（例如 Albrow 1990; Archer 1991; Moore 1966）。這些學者主張，社會學的內容和制度上的安排都應拓展，以符應快

速變遷的社會進程。

　　針對社會學往全球化方向發展一題，艾伯（Albrow
1990）提出最具系統性的說明，他主張這項發展得經過
領土參照（territorial reference）的五個階段，分別是：

1. 普遍主義：社會學是人類整體的科學，嘗試發
   現適合不同時空的一般律則和原理，故而為人
   類的和諧統一提供一個焦點。這種說法特別會
   讓人聯想到聖西門、孔德、史賓塞（Spencer）
   和華德（Ward）。

2. 民族社會學：社會學被束縛在建立國家的計畫
   中，特別是當社會學成為柏林、巴黎、芝加哥
   等大都市大學中的重要學門時，受到的束縛程
   度更深。這個階段是社會學高度進步的古典時
   期，由韋伯、涂爾幹和米德領銜，不過這些人
   似乎對其他人所知不多。

3. 國際化：法國和德國的社會學發展一直被世界
   大戰中斷，而英國的人類學傳統則較為強盛。
   然而，美國社會學的興盛，是由於引進派森思
   和舒茲（Schütz）而使其承繼歐洲傳統。美國社

會學因而成為一種模式，將派森思的大型理論和激進的實證主義作不可能的結合，並將之輸出到世界各地。1949 年創立的國際社會學會（International Sociological Association）則有助於該過程的進展。

4. 本土化（indigenization）：這是對美國社會學霸權性格的一種反應，本土化在 1970 年代從「第三世界」開始，但也擴張到澳洲和加拿大這些邊陲社會。本土化亦包含英、法、德與東歐等地的獨立社會學傳統的復興。

5. 全球化：這些獨立的社會學社群成員之間出現跨國連結的發展，特別是透過國際社會學協會的研究委員會，以及專門化的國際會議。

全球化社會學的宣稱是為了對抗亞修（1991: 135）將後現化主義稱為「虛假的普遍主義」（false universalism）。由於後現代主義贊成個人意見的有效性，否定實存主義和全體化（totalizing）理論，因而成為 1980 年代影響社會學的一股智識運動。亞修的形容可能強了點，後現代主義可能只是迫使社會學家不得將特權給予自身

的宣稱，因此他們的「故事只是一般論述中的一個部分，
因而他們得奮力地找尋聽眾，並與其他故事競爭以突顯
自己，不過並不保證能做到這樣」（Crook *et al.* 1992:
38）。全球化爲社會學提供一種開展的可能性，部分是由
於它拓展了這種敘事市場，但全球化所作的不只是如此
而已。在新興的超國家潮流中，全球化連結在地的和國
家的各個社會結構，社會學家已然熟悉這部分。假如地
球上的住民想要理解在地與國家的政治體系爲何愈來愈
無能，社會學可能有必要在策略上對全球性作出在地的
解釋。

　　的確，想要對全球化作出容易理解的說明可能不只
是個策略問題，而是一個必須遵循的道德準則。社會學
作爲一流的社會科學，總是宣稱它能扮演重要角色，提
供有助於人類解放的資源。和其他學者比較起來，社會
學家發表訊息，以甜言蜜語誘使現代民族國家提供平等
主義的福利，這種作法是在稱爲公民權的權利堆中來完
成，該項權利保護公民免受經濟的剝削踐躪。此外，一
般公民能透過選舉代表進入政府，來參與控制其生活的
決策。本書告訴我們，國家雖然尚未凋蔽，但仍處於威
脅和衰退的處境中。假如國家消失，公民權、福利權乃

至於自由民主也都將告消失。地球上的住民需要設計和
計畫新的社會安全與政治表現的方法，保護自身免於不
具人格的金融、品味和觀念潮流的侵害。社會學至少可
以建議他們：在建構這類安排時需要的設計才能。

不過，對人類來說，這並不意謂全球化的後果全然
是負面的。在解放的賭注中，品味和選擇的文化會輕易
地勝過菁英主義的貢物（imposts）和階級的意識型態。
而全球化包含這些可能性：先前被壓迫的民族主義得以
復興、立基於真正宗教自由的宗教選擇、經濟和政治的
統治結構受到變遷的影響、一般的和女性主義的婦女團
體的自在地化和國家化的家父長制領域中出現、以及人
們可能遷徙以逃避迫害。社會學的作用也是在提醒人類
留意這些可能性。

後全球化

我們可能以這種樂觀的語氣來結束這個特殊的社會
學故事，不過，我們最後必須思考：社會是否有任何超
越全球化的可能性，而不只是呈現倒退的社會分解而已。
在思考時，讓我們考慮對該過程的特別之處作最後的描

述。這本書討論社會排序和空間之間的關係──在導論
中提到，全球化被界定為地理對社會排序的限制減少。
在全球化的世界中，雖然社會排序所組成的空間是有限
的，但是地表卻是無限且無接縫的。不過社會仍然受困
於空間，這是因為全球確實是有限的，而且和空間產生
與存在有關的連結是不可避免的主體。甚至在全球化世
界中，我們的家就是這個地球。

此刻提出這些問題：我們生活的這個空間是否能成
為無限，社會關係是否能獨立於有形的地點。假如我們
排除「失去主體」（out of body）這種神秘主義的經驗，
以及排除有關天堂的這種宗教宣稱，我們只剩下一種新
而有趣的可能性，也就是虛擬實境（virtual reality）。電
腦現在已能從資訊中模擬一個虛擬空間，這種「網際空
間」（cyberspace）與物質空間無關，且只被吾人使用的
電腦力量所限定。這種高度簡化和有限的空間形式，加
上熟悉的視覺指稱，被許多電腦遊戲搬上螢幕──譬如
飛行模擬類型的遊戲，便特別針對真實空間進行模擬設
計。現今透過隱藏式（masking）裝置，適合眼睛的螢幕，
適合耳朵的喇叭擴音器，以及能用手腳控制的「手套」，
愈來愈有可能利用網際空間直接獲得官能刺激。使用這

種裝置有可能模擬網際空間中的存在，意即，可以透過設計和選擇來模擬不同的主體和空間。此外，只要二個人以上連上網路，就有可能組成共享的經驗，繼而創造網際空間中的社會生活，至於真實的空間則喪失限制社會排序的能力。

　　威廉‧吉伯森（William Gibson）的科學幻想小說中，「電腦叛客」（cyberpunks）一輩子活在「網路」之中。虛擬實境只能提供沒有深度的實體形式。無論如何，食物不可能是非常營養的，而性愛也絕不能令人滿足。儘管如此，某些特定類型的社會關係還是可以從空間的限制中完全的解放出來，娛樂場景有可能如此，企業與政府的互動亦然。也許社會學的世界學術大會未來將不會在蒙特婁或馬德里舉辦，而是在網際空間中舉行。

註　釋

1　歧異的世界

[1]　這個字若沒有變成太過學究的話,至少包括三
　　　種意義:球狀的、完整的/普遍的、以及世界
　　　性的。此處所指的是第三種意義。

[2]　某些特定的親戚關係明顯不受全球化效應的影
　　　響,然而,分隔兩地的婚姻關係已經變得愈來
　　　愈普遍。

[3]　下表針對這三個領域提供些許實例。第一欄顯
　　　示所有學者普遍同意社會擁有一個分化的經濟
　　　領域,它與生產物質產品有關,且會產生社經
　　　不平等。

　　　　　第二欄顯示學者們也大抵同意有一個分化
　　　的政治、政府和國家領域的存在,焦點擺在權
　　　威性的決策、協調和目標達成。雖然大多數作
　　　者同意至少會有第三或第四個領域的存在,但
　　　是對於該領域的構造卻意見紛歧,有些作者將
　　　之視為情緒的和表現的(Connell, Habermas),

其他人視爲規範的和價值導向的（Parsons,
Etzioni），然而仍有人將此視爲意識型態領域
（Althusser, Mann）。雖然各學者的意見相異，
但是它們全都在處於文化範疇內，人類共享著
符號並以之爲中介。

作　者	1	2	3
Hegel	市民社會	國家	家庭／宗教
Gramsci	經濟	國家	市民社會
Marshall	經濟權利	政治權利	公民權利
Parsons	經濟	政體	社區／受託者
Althusser	經濟基礎	國家	意識型態
Bell	技術－經濟	政治的	文化的
Etzioni	經濟基礎	高壓的	規範的
Connell	勞動	權力	精神貫注 (Cathexis)
Habermas 1	工作	權力	知識
Habermas 2	經濟	政體	公／私生活世界
Mann	經濟權力	政治／軍事權力	意識型態的力量
Wright	財產	組織資產	資歷、文憑

2　究竟發生什麼事？先驅理論

[1] 這個句子無恥的混合數個隱喻，大多數隱喻同樣無恥的剽竊自他人的作品，特別是李維（1966）的「現代化作爲普遍的溶媒」、紀登斯（1990）的「現代性的強大力量」（juggernaut of modernity）以及班雅明（Benjamin）「歷史的天使」的逆向飛行（1973: 259-60）。

[2] 雖然許多現代化理論家主張選擇邏輯，但是有些理論家卻認爲現代化是透過政治或經濟帝國主義的壓迫而擴張。

[3] 想要較爲廣泛而簡要的理解派森思的演化理論，可以參考華特斯（Waters 1994: 305-7）。

[4] 我第一次聽到這種隱喻是道爾（Ronald Dore）在 1975 年於加拿大新布侖茲維克省 Moncton 提及的用法。

[5] 這是一個葡萄牙語詞，字面意思是「買主」（buyer）。買賣者菁英或布爾喬亞只從事買賣而不事生產。

[6] 當今的國際關係學門確實加入所謂的「現實主義者」和「現代主義者」之間的論辯，前者主

張國家是真正權力的據點，後者的主張則或多
或少有利於全球化。

[7]　「國際關係」（International Relations）（第一個
字母大寫）意指次學科，如果第一個字母沒有
大寫（international relations），則是指該次學科
當中的研究主題。

[8]　波頓將此模式稱為「台球模式」（billiard-ball
model），台球是由兩種顏色的三顆球組成的遊
戲，但是撞球（snooker）則有不同顏色和分數，
互動的複雜性較高，這可能是更好的暗喻，而
它也是很高級的遊戲。

[9]　與此類似但卻較為晚近的主張是羅爾德（Luard
1990）的論點，該論點乍看之下似乎較熱中於
全球化論題。他認為，各國家社會內部的宗教
和意識型態的差異、階級畫分以及少數民族之
間都會出現分歧與衝突，致使國家社會逐漸衰
微。而同時間國與國的關係的增進支持這般觀
點：我們應該認知到國際社會幾乎都是同樣重
要的。然而，羅爾德自己的宣稱似乎難以說服
他人，他列出國際社會的主要特徵（1990: 6-10）

正巧是國際社會所缺少的事項：它缺乏集權權
威、正式的關係結構、社區連帶感、合法秩序
的責任感、以及對共同價值的共識。儘管如此，
羅爾德仍猶豫地指出，這是一種「同類的」（of a
kind）社會。他指明的這種社會大致上又回到
早期的國際關係理論。國際社會同時包含國家
之間的關係，以及非國家行動者之間的跨國實
踐。然而，「承載著各種關係的個體能否跨越國
界，取決於政府之間達成的瞭解與協定。因此，
國際社會在任何時點上都具有包括其獨特「意
識型態」在內的一般特性，是由各國的行動與
決策所決定，而不是由那些個體或群體所決定」
（1990: 5）。

[10]　科漢和奈伊（Keohane and Nye 1973）提出一種
類似的且同樣具有影響力的主張。然而，他們
的分析卻與羅哲瑠的分析太過類似，所以無需
同時檢視雙方的看法。

[11]　這種用技術來解釋後工業化的說法與貝爾的原
初陳述（1976）不一致，貝爾當初極力主張服
務生產和知識技術的重要性。

[12] 吉爾平的烤箱裡擺著一個「技術」蛋糕，嘴裡
吃著「國家」蛋糕，身旁還帶著一個「經濟」
蛋糕：

> 傳播和運輸的改善降低了企業的經營成
> 本，這種發展鼓勵過去孤立的各個市場
> 整合到擴張性的全球互賴當中。從橫渡
> 大洋的帆船到當代資訊處理系統，這些
> 創新的技術發展一直是一股把世界經濟
> 結合成一體的不變力量。

（1987：82）

[13] 「地球村」一詞實際上在較早期的論集序言中
曾介紹過：「電子媒體會把世界縮小成一個村莊
或部落，在這個村莊或部落中，事情會同時發
生在每個人身上，而每一個人都知道並參與當
下發生的所有事項。電視將這種同時性賦予地
球村當中的各個事件」（Carpenter and McLuhan
1970: xi）。該詞後來廣為流傳，它在牛津英文
大辭典第二版當中占據的篇幅比「全球化」還
要多（Oxford English Dictionary 1989）。

3　面對新世界：晚近理論

[1]　麥克格魯（1992a: 66）認為紀登斯和哈維對全
球化的理論化貢獻卓著。他把羅伯森視為紀登
斯的全球化「多因學派」（multicausal school）
之一員。不過這種說法可能對概念的起源產生
誤導作用。羅伯森認為紀登斯的作品（1992:
138-45）對全球化理論的助益甚微，對他來說，
紀登斯的作品只是「聚合論題一種更新的和過
度抽象的形式」（1992: 145）。而事實是：羅伯
森的著作出版後，紀登斯才使用「全球化」一
詞。羅伯森自己說：「紀登斯開始談論全球化的
主題，不過稍晚了些」（1992: 141）。

[2]　本書的理論主張，特別是有關符號經濟對全球
化的影響這部分，大致上與勞許和優瑞的立場
一致。本書不是對照著這兩位作者，因為這本
書的寫作早於他們的著作出版。

[3]　這兩段引文是來自貝克的《風險社會》（1992）
一書，這本書的原版是 1986 年的德文本。貝克
寫作這本書的時間正值人們高度意識到酸雨對
生態造成的威脅，以及徹諾比核子熔毀事件剛

　　　　　過不久，四散的放射能彌漫西北歐泰半地區，
　　　　　這個時期的全球政治環境仍被強權支配，使全
　　　　　球核子浩劫危機潛隱未發。

[4]　　譬如，協和式噴射客機會比波音 747 讓倫敦和
　　　　　紐約的距離「更近」，天體物理學家用「光年」
　　　　　測量星球之間的距離。

[5]　　刻正出現在真實時間與可計算時間之間、在物
　　　　　理空間與網際空間之間、以及在實體與虛擬實
　　　　　體之間的現象學上的分離可說明這種情況。在
　　　　　某些意義上，電腦對時間、空間和實體的模擬，
　　　　　可能在現象學上被視為「更為真實」（進一步討
　　　　　論請參考第七章）。

4　世界階級生產：經濟全球化

[1]　　圖 4.1 和本章內提及的縮寫包括：CPEs＝中央
　　　　　計畫經濟體（經常是指前蘇聯、中華人民共和
　　　　　國、東歐的前戰後社會主義國家）；DMEs ＝民
　　　　　主市場經濟體（經常是指北美、日本、西歐、
　　　　　澳大拉西亞）；EU＝歐洲聯盟（包括其前身歐
　　　　　洲共同體）；EEC（歐洲經濟共同體；資料經常

不包括英國）；ECSC（歐洲煤鋼共同體）；早於 1960 年的資料經常只包括西德和法國；LDCs ＝低度發展國家（經常是指那些不屬於其他任何團體的國家）；NICs ＝新興工業化國家（經常是指亞洲四小龍再加上巴西、智利和墨西哥）。

[2] 重新標記是指廠商利用自己的品牌銷售策略聯盟廠商生產的產品，最有名的例子是日本的 Honda 汽車在英國是以 Rovers 品牌進行生產。

[3] 福特主義確實是一種理想化而非普遍化的典範，它從未佔有超過 10%的製造勞動力，甚至在美國本土也是一樣（Crook *et al.* 1992: 172）。

[4] 庫克等人（1992）主張過度分化意謂去分化。

[5] 這些優勢和分公司－工廠的效應在汽車產業中最為明顯，譬如豐田在 1982 年每位員工每年可以生產 56 部車，但福特只能生產 12 輛。在 1980 年代這段期間，豐田在澳洲、加拿大、英國和美國設立主要的製造據點，這種設廠動作經常和通用汽車結盟（Wilkinson *et al.* 1992）。

[6] 這一段請參考庫克等人的作品（1992: 178-92）。

[7]　關於品管圈的擴散程度有不同的說法，
　　　Swyngedouw（1987: 493）認為，當今日本公司
　　　使用的品管圈有 10 萬個，所有公司當中有 71%
　　　在使用，員工人數超過 10,000 人的公司使用品
　　　管圈者有 91%。Mathews（1989: 91）則認為，
　　　日本的品管圈有 100 萬個，東南亞前十年當中
　　　形成的品管圈則有 10 萬個，雖然品管圈確實呈
　　　現指數函數的成長，但它不可能在兩年內增加
　　　十倍，即便日本亦然。

[8]　日本有 54%的公司其員工和外包商不到 300
　　　人，在所有這類公司當中，有 25%只轉包給一
　　　家核心廠商（Swyngedouw 1987: 496）。

[9]　員工數不到 100 人的日本公司與超過 500 人以
　　　上的公司相較，前者的工薪大約是後者的 62%，
　　　但 100-500 人規模的公司的平均工資是大公司
　　　的 81%（Swyngedouw 1987: 497）。

[10]　用新的文化主義論者的語言，福特主義組織擁
　　　有「孱弱的」文化，因為它的控制仰仗的是技
　　　術而不是奉獻，然而就社會學而言，從文化的
　　　觀點來看，福特主義至少是像新典範一樣有效。

[11] 雖然學界一直以索羅斯爲例，作爲可以憾動各
國政府的資本家代表，但是他這麼做並不是在
支配或控制它們，而是針對各國的通貨進行投
機性炒作。索羅斯不能被視爲與普羅階級展開
階級鬥爭的傳統工業資本家，他只是一位大規
模的市場投機客。

5 俗世權力：政治全球化

[1] 「司法裁判豁免權」以及「國家機關豁免權」
這兩條法律原則說明了此種情勢，前者係指「沒
有國家因行使其主權職能內的行動而被他國的
法院起訴」，而後者則是「個人在執行母國行動
而違法他國法律時，不能在他國法庭上被判『有
罪』，因爲他不是代表個人，而是代表國家」
（Cassese in Held 1991: 218）。

[2] 關於貝克主張的部分總結，可參考本書第二章。

[3] 愛滋病具有全球性恐慌的特性，這是當代才有
的重要論題。愛滋病不像淋巴腺紅腫症，它不
只是個蔓延世界的疾病。受害者和治療者同樣
將愛滋病視世界性人類社群的一個面向，中世

紀的淋巴腺紅腫症患者不可能以此方式看待疾
病。

[4]　像全球政策研究（Global Policy Studies）這類
專門的政策分析研究的存在證實了國家放棄主
權的程度，相關議題可參考這兩份刊物：
International Political Science Review 11(3): July
1990 以及 *Journal of Peace Research* 27(2): May:
1990。

[5]　就連最內行的觀察家也對政府間組織和國際性
非政府組織的驚人成長態勢感到訝異。雅修
（Archer, C.）在 1983 年估計，在廿一世紀之
交，政府間組織的數目將維持在 300 個左右，
而國際性非政府組織則可能有 9,600 個（1983:
171），但 1992 年各別的數目分別是 3,188 和
14,733（UIA 1992: 1671）。

[6]　福山反對回教的神權政治會對自由民主造成嚴
重挑戰，因為神權政治只能在宗教和文化上具
有回教基礎的社會中施行。由於它的追隨者當
中有很多人對自由民主動心，所以它無法擴張
到自己的疆界之外，且會變得激進且充滿敵意

（1992: 45-6）。

6　新世界失序：文化全球化

[1]　《經濟學人》對此的解釋是：「許多日本人喜歡
　　在沒有離開日本的情況下遊覽西方，因爲真實
　　的西方太遙遠、太危險，而且坦白的說，西方
　　太過於陌生」（22-28/1/94）。

[2]　譬如好萊塢電影工業創造的影像無疑代表著一
　　種「慾望美國」（America of the desire），這是
　　中歐猶太人移民所渴求的對象。

[3]　墨爾本的 Monash 大學將其課程加以標準化的
　　標裝，並行銷到全亞洲，這也就是所謂的
　　McMonash 課程。

[4]　一本名爲「完全網路使用者導引與目錄」（Krol
　　1992）的網路流行手冊可以用來測量全球意象
　　被普遍接受的程度，而這本手冊的基礎是更早
　　一本與環境消耗有關的「完全地球目錄」手冊。

[5]　Cook 在 1866 年首度帶團到美國，1867 年曾帶
　　領 20,000 人參觀巴黎博覽會，他在 1872 年組
　　成第一支環球觀光團。全球化進行得相當快速，

　　　讓他得以自誇：「環繞世界一圈實在是太容易了，根本沒什麼大不了」（Turner and Ash 1975: 55-6）。

[6]　英國的工人階級將一些賭博遊戲命名爲「賓果」（bingo）、「樂透」（lotto）和「基諾」（keno）。

參考書目

Albrow, M. (1990) 'Introduction' in M. Albrow and E. King (eds) *Globalization, Knowledge and Society*, London: Sage.

Amin, S. (1980) *Class and Nation*, New York: Monthly Review.

Anderson, B. (1983) *Imagined Communities*, London: Verso.

Anderson, M. (1984) *Madison Avenue in Asia*, Cranbury: Associated University Press.

Appadurai, A. (1990) 'Disjuncture and Difference in the Global Cultural Economy' in M. Featherstone (ed.) *Global Culture*, London: Sage: 295–310.

Archer, C. (1983) *International Organizations*, London: Allen & Unwin.

Archer, M. (1990) 'Theory, Culture and Post-Industrial Society' in M. Featherstone (ed.) *Global Culture*, London: Sage: 97–120.

Archer, M. (1991) 'Sociology for One World: Unity and Diversity' *International Sociology* 6(2): 131–47.

Arnason, J. (1990) 'Nationalism, Globalization and Modernity' in M. Featherstone (ed.) *Global Culture*, London: Sage: 207–36.

Barker, E. (1991) 'The Whole World in His Hand?' in R. Robertson and W. Garrett (eds) *Religion and Global Order*, New York: Paragon: 201–20.

Barraclough, G. (ed.) (1978) *The Times Atlas of World History*, London: Times.

Baudrillard, J. (1988) *Selected Writings*, Stanford: Stanford University Press.

Beck, U. (1992) *Risk Society*, London: Sage.

Bell, D. (1976) *The Coming of Post-Industrial Society*, New York: Basic.

Bell, D. (1979) *The Cultural Contradictions of Capitalism* (2nd edn), London: Heinemann.

Bell, D. (1987) 'The World and the United States in 2013' *Daedalus* 116(3): 1–30.

Benjamin, W. (1973) *Illuminations*, London: Fontana.

Beyer, P. (1990) 'Privatization and the Public Influence of Religion in Global Society' in M. Featherstone (ed.) *Global Culture*, London: Sage: 373–96.

Brubaker, R. (1984) *The Limits of Rationality*, London: Allen & Unwin.

Bull, H. (1977) *The Anarchical Society*, New York: Columbia University Press.

Burton, J. (1972) *World Society*, Cambridge: Cambridge University Press.

Carpenter, E. and M. McLuhan (eds) (1970) *Explorations in Communication*, London: Cape

Cassese, A. (1991) 'Violence, War and the Rule of Law' in D. Held (ed.) *Political Theory Today*, Cambridge: Polity: 255–75.

Champagne, D. (1992) 'Transocietal [sic] Cultural Exchange within the World Economic and Political System' in P. Colomy (ed.) *The Dynamics of Social Systems*, London: Sage: 120–53.

Cockroft, J., A. Frank and D. Johnson (1972) *Dependence and Underdevelopment*, Garden City: Anchor.

Cohen, R. (1987) *The New Helots*, Aldershot: Avebury.

Crook, S., J. Pakulski and M. Waters (1992) *Postmodernization*, London: Sage.

Dohse, K., U. Jürgens and T. Malsch (1985) 'From "Fordism" to "Toyotism"? The Social Organization of the Japanese Automobile Industry' *Politics & Society*, 14(2): 115–46.

Dore, R. (1989) 'Where Are We Going Now?' *Work, Employment and Society* 14(2): 425–46.

Duke, J. and B. Johnson (1989) 'Religious Transformation and Social Conditions' in W Swatos (ed.) *Religious Politics in Global Perspective*, New York: Greenwood: 75–110.

Dunning, J. (1993) *Multinational Enterprises in a Global Economy*, Wokingham: Addison-Wesley.

Durkheim, E. (1984 [1895]) *The Division of Labour in Society*, Basingstoke: Macmillan.

Emmott, B. (1993) 'Everybody's Favourite Monsters' *The Economist* 27/3 (supplement).

Featherstone, M. (ed.) (1990) *Global Culture*, London: Sage.

Featherstone, M. (1991) *Consumer Culture and Postmodernism*, London: Sage.

Foster, R. (1991) 'Making National Cultures in the Global Ecumene' *Annual Review of Anthropology* 20: 235–60.

Frank, A. (1971) *Capitalism and Underdevelopment in Latin America* (revised edn.), Harmondsworth: Penguin.

Friedman, J. (1990) 'Being in the World: Globalization and Localization' in M. Featherstone (ed.) *Global Culture*, London: Sage: 311–28.

Fröbel, F., J. Heinrichs and O. Kreye (1980) *The New International Division of Labour*, Cambridge: Cambridge University Press.

Fukuyama, F. (1992) *The End of History and the Last Man*, London: Hamish Hamilton.

Giddens, A. (1981) *A Contemporary Critique of Historical Materialism*, London: Macmillan.

Giddens, A. (1985) *The Nation-State and Violence*, Cambridge: Polity.

Giddens, A. (1990) *The Consequences of Modernity*, Cambridge: Polity.

Giddens, A. (1991) *Modernity and Self-Identity*, Cambridge: Polity.

Gilpin, R. (1987) *The Political Economy of International Relations*, Princeton: Princeton University Press.

Gleich, J. (1987) *Chaos*, London: Cardinal.

Gordon, D. (1988) 'The Global Economy: New Edifice or Crumbling Foundation?' *New Left Review* (168): 24–64.

Haddon, J. (1991) 'The Globalization of American Televangelism' in R. Robertson and W. Garrett (eds) *Religion and Global Order*, New York: Paragon: 221–44.

Hall, N. (ed.) (1992a) *The New Scientist Guide to Chaos*, Harmondsworth: Penguin.

Hall, S. (1992b) 'The Question of Cultural Identity' in S. Hall, D. Held and T. McGrew (eds) *Modernity and its Futures*, Cambridge: Polity: 274–316.

Harvey, D. (1989) *The Condition of Postmodernity*, Oxford: Blackwell.

Held, D. (1991) 'Democracy and the Global System' in D. Held (ed.) *Political Theory Today*, Cambridge: Polity: 197–235.

Hobsbawm, E. (1992) *Nations and Nationalism since 1780* (2nd edn.), Cambridge: Cambridge University Press.

Hook, G. and M. Weiner (1992) *The Internationalization of Japan*, London: Routledge.

Hopkins, T. and I. Wallerstein (eds) (1980) *Processes of the World-System*, Beverly Hills: Sage.

Hopkins, T. and I. Wallerstein (eds) (1982) *World-Systems Analysis*, Beverly Hills: Sage.

Hoskins, C. and R. Mirus (1988) 'Reasons for the US Dominance of the International Trade in Television Programs' *Media, Culture and Society* 10: 499–515.

Huntington, S. (1991) *The Third Wave*, Norman: Oklahoma University Press.

Inglehart, R. (1990) *Culture Shift in Advanced Industrial Society*, Princeton: Princeton University Press.

Kavolis, V. (1988) 'Contemporary Moral Cultures and "the Return of the Sacred" ' *Sociological Analysis* 49(3): 203–16.

Keohane, R. and J. Nye (eds) (1973) *Transnational Relations and World Politics*, Cambridge: Harvard University Press.

Kerr, C., J. Dunlop, F. Harbison and Myers, C. (1973) *Industrialism and Industrial Man*, Harmondsworth: Penguin.

King, A. (1990a) 'Architecture, Capital and the Globalization of Culture' in M. Featherstone (ed.) *Global Culture*, London: Sage: 397–411.

King, A. (1990b) *Global Cities*, London: Routledge.

Krol, E. (1992) *The Whole Internet*, Sebastapol: O'Reilly.

Kuttner, R. (1991) *The End of Laissez-Faire*, New York: Knopf.

Lash, S. and J. Urry (1987) *The End of Organized Capitalism*, Cambridge: Polity.

Lash, S. and J. Urry (1994) *Economies of Signs and Space*, London: Sage.

Lechner, F. (1989) 'Cultural Aspects of the Modern World-System' in W Swatos (ed.) *Religious Politics in Global and Comparative Perspective*, New York: Greenwood: 11–28.

Lechner, F. (1990) 'Fundamentalism Revisited' in T. Robbins and D. Anthony *In Gods We Trust*, New Brunswick: Transaction.

Lechner, F. (1991) 'Religion, Law and Global Order' in R.

Robertson and W. Garrett (eds) *Religion and Global Order*, New York: Paragon: 263–80.

Lechner, F. (1992) 'Against Modernity: Antimodernism in Global Perspective' in P. Colomy (ed.) *The Dynamics of Social Systems*, London: Sage: 72–92.

Lenin, V. (1939) *Imperialism*, New York: International.

Levitt, T. (1983) 'The Globalization of Markets' *Harvard Business Review* 83(3): 92–102.

Levy, M. (1966) *Modernization and the Structure of Societies*, Princeton: Princeton University Press.

Long, T. (1991) 'Old Testament Universalism' in R. Robertson and W. Garrett (eds) *Religion and Global Order*, New York: Paragon: 19–34.

Lovelock, J. (1987) *Gaia*, Oxford: Oxford University Press.

Luard, E. (1990) *International Society*, Basingstoke: Macmillan.

Lyotard, J-F. (1984) *The Postmodern Condition*, Manchester: Manchester University Press.

McEvedy, C. and R. Jones (1978) *Atlas of World Population History*, Harmondsworth: Penguin.

McGrew, A. (1992a) 'A Global Society?' in S. Hall, D. Held and T. McGrew (eds) *Modernity and its Futures*, Cambridge: Polity: 62–113.

McGrew, A. (1992b) 'Conceptualizing Global Politics' in A. McGrew, P. Lewis *et al. Global Politics*, Cambridge: Polity: 1–29.

McLuhan, M. (1964) *Understanding Media*, London: Routledge.

McLuhan, M. and Q. Fiore (1967) *The Medium is the Massage*, London: Allen Lane.

McLuhan, M. and Q. Fiore (1968) *War and Peace in the Global Village*, New York: Bantam.

Marceau, J. (ed.) (1992) *Reworking the World*, Berlin: De Gruyter.

Marshall, T. (1973) *Class, Citizenship and Social Development*, Westport: Greenwood.

Marx, K. (1977) *Selected Writings*, Oxford: Oxford University Press.

Mathews, J. (1984) *Tools of Change*, Sydney: Pluto.

Meadows, D., D. Meadows, J. Randers and W. Behrens (1976) *The Limits to Growth*, Scarborough: Signet.

Moore, W. (1966) 'Global Sociology: The World as a Singular System' *American Journal of Sociology* 71(5): 475–82.

Mowlana, H. (1985) *International Flow of Information: A Global Report and Analysis*, Paris: UNESCO.

Muldoon, J. (1991) 'The Conquest of the Americas: the Spanish Search for Global Order' in R. Robertson and W. Garrett (eds) *Religion and Global Order*, New York: Paragon: 65–86.

Nettl, J. and R. Robertson (1968) *International Systems and the Modernization of Societies*, London: Faber.

OECD [Organization for Economic Co-operation and Development] (1987) *Interdependence and Co-operation in Tomorrow's World*, OECD: Paris.

OECD (1992) *Globalisation of Industrial Activities*, OECD: Paris.

O'Neill, J. (1990) 'AIDS as a Globalizing Panic' in M. Featherstone (ed.) *Global Culture*, London: Sage: 329–42.

Parsons, T. (1964) 'Evolutionary Universals in Society' *American Sociological Review* 29: 339–57.

Parsons, T. (1966) *Societies*, Englewood Cliffs: Prentice-Hall.

Parsons, T. (1977) *The Evolution of Societies*, Englewood Cliffs: Prentice-Hall.

Parsons, T. and N. Smelser (1968) *Economy and Society*, London: Routledge.

Ritzer, G. (1993) *The McDonaldization of Society*, Thousand Oaks: Pine Forge.

Robertson, R. (1983) 'Interpreting Globality' in R. Robertson *World Realities and International Studies*, Glenside: Pennsylvania Council on International Education.

Robertson, R. (1985) 'The Relativization of Societies: Modern Religion and Globalization' in T. Robbins, W. Shepherd and J. McBride (eds) *Cults, Culture and the Law*, Chicago: Scholars.

Robertson, R. (1992) *Globalization*, London: Sage.

Robertson, R. and Garrett, W. (eds) *Religion and Global Order*, New York: Paragon.

Rosenau, J. (1980) *The Study of Global Interdependence*, New York: Nichols.

Rosenau, J. (1990) *Turbulence in World Politics*, Princeton: Princeton University Press.

Saint-Simon, H. (1975 [1802–25]) *Selected Writings on Science, Industry and Social Organisation*, London: Croom Helm.

Shields, R. (1991) *Places on the Margin*, London: Routledge.

Shupe, A. (1991) 'Globalization versus Religious Nativism: Japan's Soka Gakkai in the World Arena' in R. Robertson and

W. Garrett (eds) *Religion and Global Order*, New York: Paragon: 183–200.

Sklair, L. (1991) *Sociology of the Global System*, Hemel Hempstead: Harvester Wheatsheaf.

Smart, B. (1993) *Postmodernity*, London: Routledge.

Strange, J. (1991) 'Two Aspects of the Development of Universalism in Christianity' in R. Robertson and W. Garrett (eds) *Religion and Global Order*, New York: Paragon: 35–46.

Swyngedouw, E. (1987) 'Social Innovation, Product Organization and Spatial Development: the Case of Japanese Manufacturing' *Revue d'Economie Régionale et Urbaine* 3: 487–510.

Thompson, P. and D. McHugh (1990) *Work Organisations*, Basingstoke: Macmillan.

Turner, B. (1990) 'The Two Faces of Sociology: Global or National?' in M. Featherstone (ed.) *Global Culture*, London: Sage: 343–58.

Turner, B. (1991) 'Politics and Culture in Islamic Globalism' in R. Robertson and W. Garrett (eds) *Religion and Global Order*, New York: Paragon: 161–82.

Turner, L. and J. Ash (1975) *The Golden Hordes*, London: Constable.

UIA [Union of International Associations] (1992) *Yearbook of International Organizations 1992/3*, Munich: Saur.

Urry, J. (1990) *The Tourist Gaze*, London: Sage.

Van der Pijl, K. (1989) 'The International Level' in T. Bottomore and R. Brym (eds) *The Capitalist Class*, Hemel Hempstead: Harvester Wheatsheaf: 237–66.

Vogler, J. (1992) 'Regimes and the Global Commons' in A. McGrew and P. Lewis *et al. Global Politics*, Cambridge: Polity: 118–37.

Wallerstein, I. (1974) *The Modern World-System*, New York: Academic.

Wallerstein, I. (1980) *The Modern World-System II*, New York: Academic.

Wallerstein, I. (1990) 'Culture as the Ideological Battleground of the Modern World-System' in M. Featherstone (ed.) *Global Culture*, London: Sage: 31–56.

Walters, R. and D. Blake (1992) *The Politics of Global Economic Relations*, Englewood Cliffs: Prentice-Hall.

Waters, M. (1994) *Modern Sociological Theory*, London: Sage.

Weber, M. (1978) *Economy and Society*, Berkeley: University of California Press.

284　全球化

Wilkinson, B., J. Morris and N. Oliver (1992) 'Japanizing the World: the Case of Toyota' in J. Marceau (ed.) *Reworking the World*, Berlin: De Gruyter: 133–50.

索　引

全球化

原　　著 / Malcolm Waters

譯　　者 / 徐偉傑

校　　閱 / 張家銘

執行編輯 / 顏麗涵

出 版 者 / 弘智文化事業有限公司

登 記 證 / 局版台業字第 6263 號

地　　址 / 台北市大同區民權西路 118 巷 15 弄 3 號 7 樓

郵政劃撥 / 19467647　　戶名：馮玉蘭

電　　話 / （02）2557-5685・0932-321-711・0921-121-621

傳　　真 / （02）2557-5383

發 行 人 / 邱一文

書店經銷 / 旭昇圖書有限公司

地　　址 / 台北縣中和市中山路 2 段 352 號 2 樓

電　　話 / （02）22451480

傳　　真 / （02）22451479

製　　版 / 信利印製有限公司

版　　次 / 2000 年 07 月初版一刷

定　　價 / 300 元

弘智文化出版品進一步資訊歡迎至網站瀏覽：
http://www.honz-book.com.tw

ISBN 957-0453-09-5

國家圖書館出版品預行編目資料

全球化／Malcolm Waters 著；徐偉傑 譯
初版. ——臺北市：弘智文化；2000〔民89〕
面： 公分 （全球化與地球村系列叢書；1）
譯自：GLOBALIZATION

ISBN 957-0453-09 -5（平裝）

1. 未來社會 2.國際經濟

541.49 . 89010944

弘智文化價目表

弘智文化出版品進一步資訊歡迎至網站瀏覽：honz-book.com.tw

書　名	定價	書　名	定價
社會心理學（第三版）	700	生涯規劃：掙脫人生的三大枷梏	250
教學心理學	600	心靈塑身	200
生涯諮商理論與實務	658	享受退休	150
健康心理學	500	婚姻的轉捩點	150
金錢心理學	500	協助過動兒	150
平衡演出	500	經營第二春	120
追求未來與過去	550	積極人生十撇步	120
夢想的殿堂	400	賭徒的救生圈	150
心理學：適應環境的心靈	700		
兒童發展	出版中	生產與作業管理（精簡版）	600
為孩子做正確的決定	300	生產與作業管理（上）	500
認知心理學	出版中	生產與作業管理（下）	600
照護心理學	390	管理概論：全面品質管理取向	650
老化與心理健康	390	組織行為管理學	800
身體意象	250	國際財務管理	650
人際關係	250	新金融工具	出版中
照護年老的雙親	200	新白領階級	350
諮商概論	600	如何創造影響力	350
兒童遊戲治療法	500	財務管理	出版中
認知治療法概論	500	財務資產評價的數量方法一百問	290
家族治療法概論	出版中	策略管理	390
婚姻治療法	350	策略管理個案集	390
教師的諮商技巧	200	服務管理	400
醫師的諮商技巧	出版中	全球化與企業實務	900
社工實務的諮商技巧	200	國際管理	700
安寧照護的諮商技巧	200	策略性人力資源管理	出版中
		人力資源策略	390

弘智文化出版品進一步資訊歡迎至網站瀏覽：honz-book.com.tw

書　名	定　價	書　名	定　價
管理品質與人力資源	290	社會學：全球性的觀點	650
行動學習法	350	紀登斯的社會學	出版中
全球的金融市場	500	全球化	300
公司治理	350	五種身體	250
人因工程的應用	出版中	認識迪士尼	320
策略性行銷（行銷策略）	400	社會的參當勞化	350
行銷管理全球觀	600	網際網路與社會	320
服務業的行銷與管理	650	立法者與詮釋者	290
餐旅服務業與觀光行銷	690	國際企業與社會	250
餐飲服務	590	恐怖主義文化	300
旅遊與觀光概論	600	文化人類學	650
休閒與遊憩概論	600	文化基因論	出版中
不確定情況下的決策	390	社會人類學	390
資料分析、迴歸、與預測	350	血拼經驗	350
確定情況下的下決策	390	消費文化與現代性	350
風險管理	400	肥皂劇	350
專案管理師	350	全球化與反全球化	250
顧客調查的觀念與技術	450	身體權力學	320
品質的最新思潮	450		
全球化物流管理	出版中	教育哲學	400
製造策略	出版中	特殊兒童教學法	300
國際通用的行銷量表	出版中	如何拿博士學位	220
組織行為管理學	800	如何寫評論文章	250
許長田著「行銷超限戰」	300	實務社群	出版中
許長田著「企業應變力」	300	現實主義與國際關係	300
許長田著「不做總統，就做廣告企劃」	300	人權與國際關係	300
許長田著「全民拼經濟」	450	國家與國際關係	300
許長田著「國際行銷」	580		
許長田著「策略行銷管理」	680	統計學	400

書 名	定 價	書 名	定 價
類別與受限依變項的迴歸統計模式	400	政策研究方法論	200
機率的樂趣	300	焦點團體	250
		個案研究	300
策略的賽局	550	醫療保健研究法	250
計量經濟學	出版中	解釋性互動論	250
經濟學的伊索寓言	出版中	事件史分析	250
		次級資料研究法	220
電路學（上）	400	企業研究法	出版中
新興的資訊科技	450	抽樣實務	出版中
電路學（下）	350	十年健保回顧	250
電腦網路與網際網路	290		
應用性社會研究的倫理與價值	220	**書僮文化價目表**	
社會研究的後設分析程序	250		
量表的發展	200	台灣五十年來的五十本好書	220
改進調查問題：設計與評估	300	２００２年好書推薦	250
標準化的調查訪問	220	書海拾貝	220
研究文獻之回顧與整合	250	替你讀經典：社會人文篇	250
參與觀察法	200	替你讀經典：讀書心得與寫作範例篇	230
調查研究方法	250		
電話調查方法	320	生命魔法書	220
郵寄問卷調查	250	賽加的魔幻世界	250
生產力之衡量	200		
民族誌學	250		